4·16구술증언록 단원고 2학년 4반 제10권

그날을 말하다

요한 엄마 김금자

이 도서의 국립중앙도서관 출판예정도서목록(CIP)은 서지정보유통지원시스템 홈페이지(http://seoji.nl.go.kr)와
국가자료공동목록시스템(http://www.nl.go.kr/kolisnet)에서 이용하실 수 있습니다.
CIP제어번호: CIP2019009496

4·16구술증언록 단원고 2학년 4반 제10권

그날을 말하다

요한 엄마 김금자

4·16기억저장소 기획 편집
(사) 4·16세월호참사가족협의회 지원 협조

일러두기

1. 음절로 식별 가능한 소리를 들리는 대로 전사하는 것을 원칙으로 한다.

2. 의미를 파악하기 위해 추가 설명이 필요할 경우 [ ]로 표시한다.

3. 몸짓, 어조 등 비언어적 행위는 ( )로 표시한다.

4. 구술자가 말을 잇지 못해 말줄임표를 사용하는 경우 ……, …로 길고 짧음을 표시한다.

5. 비공개 영역은 〈비공개〉로 표시한다.

6. 비공개해야 하는 희생자 형제자매의 이름은 ○○, △△ 등의 도형기호로, 생존자의 이름은 A, B, C 등 알파
   벳 대문자로 표시한다.

7. 비공개해야 하는 제3자는 직분이나 소속, 성만 공개하고, 이름은 ××로 표시한다. 비공개해야 하는 숫자는
   자릿수에 상관없이 □로 표시하며, 지명은 □□로 표시한다.

4·16기억저장소에서는 세월호 참사 5주기를 맞아 구술증언 수집 사업의 결과물 일부를 100권의 책으로 발간하게 되었습니다. 이 사업은 2015년 6월부터 다양한 학문 분야 구술 연구자들의 자발적인 참여로 진행되어 왔으며, 세월호 참사를 좀 더 정확하고 다각적으로 기록하고 기억하고자 하는 노력의 일환으로 수행되었습니다.

2014년 참사 발생 이후, 참사 피해자들의 목격담과 경험은 안타깝게도 공식적인 국가기관과 언론의 기록 속에서 철저히 소외되거나 왜곡되었습니다. 그것은 세월호 참사가 우리에게 안긴 죽음과 고통의 충격만큼이나 우리 사회의 끔찍한 비극이었습니다. 따라서 사업을 진행하면서 세월호 참사 희생자 가족, 생존자, 생존자 가족, 어민, 잠수사, 활동가, 기자 등등, 참사의 초기 과정을 직접 경험한 분들의 증언을 우선적으로 수집했습니다. 구술자는 이 사업의 취지와 방식에 개인적으로 동의한 분 중에서 선정했으며, 참여 과정에 어떠한 금전적 보상이나 이익이 제공되지 않았습니다. 또한 구술증언 수집 사업을 진행하는 동안, 면담자는 연구자이자 참사를 겪은 공동체 시민으로서 최대한 윤리적이고자 노력했습니다.

구술자마다 매회 약 2시간씩 3회를 원칙으로 음성 녹취와 영상 촬영을 하는 방식으로 진행되었고, 증언의 일관성을 확보하기 위해 면담자는 큰 틀에서 공통 질문지를 사용했습니다. 공통 질문지의 내용은 참사와 구술자 간의 관계성에 따라 차이가 있지만, 유가족 구술의 경우 1회차 '참사 이전의 삶, 팽목항과 진도에서의 경험, 자녀에 대한 기억'을, 2회차 '참사 이후 투쟁과 공동체 활동 경험'을, 3회차 '참사 이후 개인 및 가족이 경험한 삶의 변화와 깨달음, 자녀의 현재적 의미'를 중심으로 했습니다. 이처럼 증언 내용은 참사 이전에서 시작해 참사 발생 당시의 경험과 이후의 변화 과정까지 폭넓게 수집했고, 면담자는 구술 채록 과정에서 구술자의 발화를 최대한 존중하고자 했으며, 무엇보다 각자의 특수한 경험과 다른 시각을 충실히 반영하고자 했습니다.

이 구술증언록의 발간을 위해, 채록된 음성 자료는 문서로 변환해 구술자와 함께 검토했고, 현재 시점에서 공개할 수 있는 영역과 할 수 없는 영역으로 구별했습니다. 따라서 책에 실린 내용은 모두 구술자로부터 공개를 허락받은 부분입니다. 비공개 영역은 추후 구술자의 동의를 받아 적절한 절차를 거쳐 추가로 공개될 수 있으리라 생각합니다.

그날을 말하다

이 구술증언록 100권에는 그동안 우리 사회에 왜곡되어 알려지
거나 잘 알려지지 않았던, 참사 발생 직후 팽목항과 진도 혹은 바
다에서의 초기 상황에 관한 중요한 증언이 포함되어 있습니다. 또
한, 자녀를 잃는 잔인하고 애통한 상황을 겪으면서도 그 누구보다
강인한 정치적 주체로 성장할 수밖에 없었던 유가족의 마음과 경
험을 구체적으로, 그리고 여러 각도에서 살펴볼 수 있습니다. 그
외에도, 이 구술증언록은 2014년을 전후한 한국 사회의 여러 측면
을 드러내는 귀중한 자료가 되리라고 생각합니다. 무엇보다 국내
외의 많은 분이 이 책을 읽어, 장차 세월호 참사의 진상 규명과 역
사 서술에 기여할 수 있기를 바랍니다.

구술증언 수집 사업이 진행되고, 책으로 출간되기까지 많은 분
의 도움과 지지가 있었습니다. 이 지면을 빌려 부족하나마 감사의
말씀을 전하고자 합니다.

먼저 (사)4·16세월호참사가족협의회와 4·16기억저장소에 감사
를 드립니다. 이분들의 신뢰와 적극적인 협조가 없었다면, 이 사업
은 처음부터 시작할 수조차 없었을 것입니다. 또한 어려운 정치 환
경 속에서도 사업의 취지에 공감해 재정 지원을 결정해 준 아름다
운가게와 역사문제연구소에 감사드립니다. 두 단체 덕분에, 이 사
업을 4년 동안 계속해 올 수 있었습니다. 그리고 구술증언록 100권
의 발간에 동의하고, 바쁜 일정에도 출판 실무를 기꺼이 맡아주신
한울엠플러스(주)에도 감사를 드립니다. 이 외에도 많은 개인과 단
체가 직간접적으로 많은 도움을 주시고 격려해 주셨습니다. 여기

책머리에

에 모두 밝히지 못하는 것을 죄송하게 생각합니다.

말할 필요도 없이, 가장 크고 또 가슴 아픈 감사는 구술자 한 분한 분께 드리고자 합니다. 이 책이 발간될 수 있었던 것은, 무엇보다 용기를 내어 아픔과 고통의 기억을 다시 떠올리고 장시간 진심으로 이야기를 해주신 구술자가 있었기 때문입니다. 오랜 시간 이야기를 나누며 함께 공감하기도 했지만, 그 아픔과 고통을 어떻게 가늠할 수 있을까 싶습니다. 더 큰 도움이 되지 못함을 안타까워하며, 이 구술증언록 100권의 발간이 피해자분들에게 조금이라도 위로가 될 수 있기를 기원합니다.

2019년 4월

4·16기억저장소 구술팀 책임자
서울대학교 인류학과 교수 이현정

차례

■ 1회차 ■

<u>17</u>
1. 시작 인사말

<u>17</u>
2. 구술 참여 동기

<u>18</u>
3. 최근의 활동과 세월호 참사에 대한 생각

<u>30</u>
4. 4·16 이전의 삶, 시신 수습, 장례 이후

■ 2회차 ■

<u>91</u>
1. 시작 인사말

<u>91</u>
2. 사건 당시 구조 현황

<u>98</u>
3. '구조하지 않음'을 인식했던 순간

__104__
4. 투쟁 활동, 반별 활동

__122__
5. 동거차도에서의 인양 감시 활동

__131__
6. 교실 존치 문제

__135__
7. 재판 관련

__136__
8. 간담회

__139__
9. 가장 중시하는 활동

__140__
10. 청문회

■ 3회차 ■

__147__
1. 시작 인사말

__147__
2. 근황, 활동 지속의 원동력

__153__
3. 후회나 아쉬운 점

__155__
4. 몸이 아팠던 이유

__164__
5. 위안이 되는 것과 대형 교회에 대한 생각

168
6. 현재의 고민

170
7. 형제자매

171
8. 본인의 치유

177
9. 생애

187
10. 아이의 의미

191
11. 남은 삶의 목표

요한 엄마 김금자

구술자 김금자는 단원고 2학년 4반 고 임요한의 엄마다. 엄마는 목회자인 아빠와 함께 요한이를 하나님의 자녀로 애지중지 키워왔다. 요한이 역시 목회자의 길을 가려 했고, 엄마는 아들의 그러한 결심에 더없는 기쁨을 느꼈었다. 엄마는 아이를 잃은 슬픔을 영적 체험을 통해 견디며, 요한이의 몫까지 더해 하나님의 사도로 살아가기 위해 오늘도 두 손을 모아 기도한다.

김금자의 구술 면담은 2017년 1월 11일, 18일, 26일, 3회에 걸쳐 총 6시간 동안 진행되었다. 면담자는 이예성, 촬영자는 김솔이었다.

구술자 본인의 프라이버시, 제3자의 프라이버시를 보호해야 할 부분을 제외하고는 구술자의 발화를 있는 그대로 전사했다.

1회차

2017년 1월 11일

1   시작 인사말

2   구술 참여 동기

3   최근의 활동과 세월호 참사에 대한 생각

4   4·16 이전의 삶, 시신 수습, 장례 이후

1
시작 인사말

면담자　　　본 구술증언은 4·16 사건에 대한 참여자들의 경험과 기억을 기록으로 남김으로써 이후 진상 규명 및 역사 기술에 기여하고자 합니다. 지금부터 김금자 씨의 증언을 시작하겠습니다. 오늘은 2017년 1월 11일이며, 장소는 안산시 단원구 와동 성문교회입니다. 면담자는 이예성이며, 촬영자는 김솔입니다.

2
구술 참여 동기

면담자　　　어머님, 구술에 참여하시게 된 동기에 대해 말씀해 주세요.

요한 엄마　　　이게… 소식은 들었거든요, 구술을 한다고. 한 50분이 하셨다는 얘기는 들었는데, '왜 나한테는 말이 없을까' 생각을 했어요. 그랬는데 좀 해줬으면 하는 말씀[을] 들어서 "그렇게 하자"고, 깊이는 잘 모르지만 "진상 규명에 도움이 되고, 애에 대해서 알릴 수 있다면 하겠습니다" 하고 허락을 한 거죠.

면담자　　　어머님은 원래 이런 게 있다는 걸 아셨고, '이런 걸 내가 해야 되는데'라고 생각하셨었네요?

요한 엄마   네. 왜냐면 애에 관계해 있기 때문에.

면담자   네. 구술증언이 어떤 목적으로 사용됐으면 좋겠는지 말씀해 주세요.

요한 엄마   가장 바람은 진상 규명에 도움이 되고 애들이 왜 그러한 일을 당했는지, 구조 안 했는지, 그거에 대한 진상 규명이 되고. 또한 이제 보지는 못하잖아. 그 아이들의 생애가 18세로 끝났기 때문에 그 전의 삶을 어떻게 살았었었는지 알고 싶은 분들에게 알려줘도 되겠다 싶어서 그랬습니다.

3
최근의 활동과 세월호 참사에 대한 생각

면담자   올해 3주기가 다가와서 지금까지 진짜 많은 활동 하셨을 것 같은데요. 일단 박근혜 정부의 최순실 국정농단으로 인해서 활동하시던 게 바뀌셨을 수도 있을 것 같고, 어머님 생각이 바뀌셨을 수도 있을 것 같은데 최근에 하신 활동이 뭐가 있으신지 제일 최근 거에 대해 말씀해 주실 수 있으세요?

요한 엄마   최근 거? 최근에 요즘에는 토요일마다 촛불집회 참여하고, 저야 반 대표니까 화요일 날 회의[가족협의회 확대운영회의] 들어가고, 월요일 날은 광화문에 매주 [가요], 몸이 아프지 않는 이상은. 거의 2년 했죠, 거의 2년을 듬성듬성 하다가, 거의 1년은 계속 거기 가다시피 그렇게 활동을 하고 있죠.

면담자　　최근에 촛불집회 가신다고 하셨잖아요, 주말마다. 지금 12차인가요?

요한 엄마　　올해, 이번 주가 12차 들어가죠.

면담자　　촛불집회에 참가하고 나서 뭔가 생각이 바뀌신 게 있나요?

요한 엄마　　저는 이 일이 터지고 나서 일이 빨리 해결되기를 [바랐어요]. 처음부터 안 했잖아요, 처음부터 삐까삐까했잖아요, 바로 구조한 것도 아니고. 정부의 그 뒤처진 행동들 이런 걸 보면서 저는 바로, 우리 요한이가 5월 달에 왔는데 오고 나서, 바로 저거[금식기도]를 했어요. "제가 이 일이 해결될 때까지 한 달에 7일씩 금식을 하겠습니다"라고 [하나님께 기도하고], 지금 100일이 넘었죠, 200일 다 돼가나요. "하겠습니다" 기도를 하고, 몸이 성치가 않기 때문에 24시간 온전하질 못해요, [그래서] 12시간 하고 밥 먹고 또 12시간 하고 해가지고 7일을 이제 한 단 말이에요.

　　그렇게 하면서, 기독교 단체나 간담회[에 다녔는데], 가면은 안 믿는 사람은 공유가 안 되죠. 그래서 기독교 단체[에서] 예배드리고 나서 발언할 때 항상 그 기도를 하라고 그랬죠. "기도를 해달라. 우리가 간담회 하는 거는 한정돼 있다. 그것도 해야 되고 나머지는 기도를 해주서서 하나님이 사람의 영을 깨울 수 있도록 그 기도를 해달라". 성령께서 해주서야만이 이 일이 해결되지 이렇게 몇 사람만 나오고 몇십 명 만나고 몇백 명 만난다고 해서 이[것이] 전국화가 되기란 참으로 어렵잖아요. 그래서 그 기도를 많이 간곡히 부탁을 드렸고, "같이 손잡고 가야 된다"[는 점도 말씀드렸어요].

그런데 계속 기도한 백 며칠 만이죠, 2년 넘었던가요. 언제부턴가 하나님[이] 기도를 응답을 해주시는데 어떤 응답이냐면 "전국에서 일어나야 된다". 왜냐면 이미 정부가 우리를 무시한 행동이 세월호 참사예요. 국민을 무시한 거예요. 무시하고 인권을 제대로 생각하지 않고 권리도 생각해 주지 않았고 보호도 해주지 않았고 했던 그런 모습을 보면서 [이 사실을 전국에 알려야 한다고 생각했어요]. 일부만 알고 있잖아요. 제대로 모르는 사람은 언론을 통해서 우리한테 나쁘다고 얘기를 해요. 근데 초창기에 몇 달 됐을까요. 몇 달 됐는데 저 아시는 분이 "배·보상받고 말지 왜 그렇게 질질 끄냐, 지겹지 않냐, 보기 싫다"는 거예요, 우리[가] 운동하는 게, 활동하는 게, 진상 규명 한다는데. 그래서 제가 기도를 했어요. "하나님, '이렇게 질질 끌고, 배·보상받으면 끝나지 왜 이렇게 보기 싫은 행동을 하느냐, 지겹다' 이렇게 얘기를 하는데 어떤 게 옳습니까?" 그걸 물어봤더니 여쭤봤더니 "진상 규명을 해야 된다"고 그러시더라고. 환상[환영]으로 본 거예요. 저는 환상[환영]도 잘 보고 꿈으로도 보이시고 여러 번이 보이시는데, 환상[환영]으로 기도하는데 딱 보여주시는데, 그때는 이미 금식을 하고 있을 때예요.

하나님이 그렇게[진상 규명 하라고] 얘기를 하시고, 그래서 제가 고개를 돌렸어요. 이렇게 돌렸는데 요한이가 있는 거예요. 요한이가 "엄마, 엄마가 천국에 오시면 내가 물을 거"라고, "내가 왜 죽었는지, 물을 거"라는 거예요. 그래서 이제 빡 친 거예요[충격을 받은 거예요]. 그러면 진상 규명을 해야 된다는 소리잖아요. '내가 정말 떳떳하려면 부모로서 자식[이] 왜 죽었는지는 알아야 된다'[고] 그거 하고[마음먹자] 딱 이제 환상[환영]이 끝난 거예요.

그거 받기 이전에 딸이 그러더라고요. "엄마, 남들이 희생자라고 하는데 왜 오빠들이 희생자야, 이유가 뭐야?"라고 물어보더라고요. 그래서 이제 그거는 두 번째 제가 받은 응답이고, 첫 번째는 또 기도를 했어요. "애들이 왜 죽었습니까?" 여쭤보니까 부정과 부패래요. 하나님이 정확히 얘기를 하셨어요, 부정과 부패로 [인]해서 아이들이 희생이 됐다고. "네, 알았습니다". 그 두 개를 끝나고 해야 될 게 진상 규명이다[라는 거죠]. 예은이 아빠도 교회를 다니시잖아요. 예은이 아빠가 얼마 후엔가, 며칠 후엔가 "우리가 아이들한테 떳떳하려면, 천국에 가서 나중에 볼 건데 말을 해줘야 되겠다. 진상 규명을 해야 된다" 이렇게 부르짖고 나온 거예요.

초창기에는 나쁘게 보면은 '정부에서 흐트러지게 하게 하고 나눠지게 하고 이런 계략이 있을 수 있다' 이렇게 생각을 하고. 이전에 역사적으로 봤을 때도 그런 경우가 많아서 다 흩어졌다는 거예요. "우리는 어떻게 해야 되냐", "똘똘 뭉쳐야 되겠다. 뭉쳐서 하나가 돼야 되겠고, 여러 가지의 부딪힘도 있을 수 있다", 왜냐면 생각이 다르기 때문에, 알지 못하면 자기 생각 갖고만 얘기하고, 아는 사람[도 자신이] 아는 걸로 얘기하지만 여기서 부딪힘이 있는 거야,

유가족 내에서도. 그러나 "우리는 다독거리면서 가야 된다. 우리는 하나가 돼서 일을 해결해야지, 우리는 분산되면은 다 끝난다" 하고 저도 그렇게 부르짖고, 다른 사람들도 얘기를 하고 해서, 토닥토닥 상처받고 앓은 사람들도 다독거리고 "일어나라" 그러고 "우리는 일 단은 진상 규명으로 하나가 돼야 된다"라고 얘기를 했었고.

그때만 해도 굉장히 작았어요. 우리를 호응해 주신 분들이 많이 있었지만 전체적으로 봤을 땐 거의 일부였단 말이에요. 그분들이 지 치지 않도록 기도 좀 부탁드리고, 우리들하고 함께해서 뒤에서 도우 신 분들, 우리도 힘들지만 우리 섬겨주고 하는 사람들도 지칠 수가 있다면서 "그들을 위해서 기도해 달라"고 제가 부탁을 드렸고요.

그래서 촛불집회는 이렇게 연결된 거라 그렇게 전 뭐 의아해하 지는 않았어요, 왜냐면 준비를 해왔었기 때문에. 계속 준비해 왔고 기도하면서 주님 음성을 들었고 그래야 된다고 얘기를 했고, 우리 목사님도, 목사님이라 이제 참석을 안 해요. 왜냐면 공인이다 보니 까 혹시 사람이라 잘못할 수도 있잖아요. 그러면 다른 분들한테도 해[피해를] 줄 수도 있고, 다른 목사님들이 "목사님 돼가지고 그런 다"고 그러면 또 오히려 해가 되니까 "차라리 사모가 나와라" 해서 저를 내민 거예요. 그러고 뒤에서 기도만 해주는 거야, 중심을 잡 고 기도해 주면서. 중심을 잡아주는 거죠.

제가 이런 상황점에서[상황들에 대해서] 얘기하면 이렇다 저렇다 [하고 목사님이 의견을 주셨어요]. "12만 [명이] 넘으면 된다, 바뀐다" 이렇게 [이야기]했는데 진짜 12만이 두 번짼가 세 번째에 넘은 거예요. 그럼 됐구나 [싶었는데] 더 많은 사람들이 나가면서 100만, 200만이 넘었잖아요. 정부에서는 힘을 발휘할 수가 없는 거죠.

면담자   촛불집회 나가셨을 때, 한창 추울 때인데 괜찮으셨어요?

요한 엄마   사실 앉아 있는데 어마어마한 추위가 와요. 이렇게 앉아 있으면 여기서 찬기가 올라오고요, 여기 뒷바람이 오고요, 앉아 있을 수가 없어요. 근데 앉아 있는 이유가 뭐냐 하면 '우리 아이들이 배 속에서 얼마나 힘들었을까', 저는 개인적으로 그거를 기억을 하고 참는 거예요. 믿음으로도 참지만 '우리 아이들이 이렇게 힘들었지. 얼마나 살려달라고 애절한 마음을 가지고 있었을까' [하고 생각하며 참았어요]. 근데도 아무 도움을 주지 못했잖아요, 어른들도, 부모로서도 그렇고 나라에서도 그렇고. 이런 육지에서라면 달려가기라도 하지, 상태를 보잖아요. 근데 바닷속이라 어떻게 할 수가 없는 거예요, 상태가 알 수가 없어서.

그래 가지고 요한이의 마음을 생각을 하고 견뎌냈어요. 견뎌냈는데, 목사님이 그러더라고. "우리는 우리라지만 그렇지 않은 사람들 저렇게 앉아 있는 거 보면 너무너무 훌륭하다"는 거예요. 저도 그렇게 느꼈어요. 나도 이렇게 추위에 앉아 있는데 저들도, 우리 뒤에 앉아 있는 저분들은 안 춥냐고요, 똑같이 춥지. 그런데도 우리와 똑같이 더 늦게[까지] 이렇게 있는 거 보고 "정말 정말 훌륭한 국민들이다. 먼저 하나님께 감사하고".

면담자　　　박근혜의 국정농단 보시면서, 그리고 촛불집회 참가하시면서 국가의 실체에 대해 더 명확하게 보시게 되었겠네요?

요한 엄마　　　나는 우리나라가, 나는 일만 열심히 하고 자신을 돌보고 교회 잘 섬기고 이렇게 하면 되는 줄 알았고, 국가기관에서 모든 안전기관이라든가 동사무소라든지 이런 국가의 모든 기관들이 제 일을 제대로 하고 있는 줄 안 거예요. 그리고 아들도 "엄마, 난 좋은 나라에서 태어나서 감사하게 생각해" 이렇게 말했어요. "음, 그래" [하고 저도 답했고요]. 왜냐면 '북한도 보고 아프리카도 보면은 못 먹고 이렇게 한 것보다 우리나라 너무 좋다' 저도 그렇게 생각을 했어요. '좋은 나라다. 정말 좋은 나라다'라고 생각을 했는데 속으로 들어가 보니까 좋은 나라가 아니었다는 거예요. 어떻게? 우리 애들 참사를 보면서, 이거는 나라가 나라가, 아니라는 거예요.

이미 그때 알았는데 국민들이 지금 최순실 게이트로 알게 된 거잖아. 그래서 이거는 큰 문제다, 이게 '우리나라가 무너지기 일보 직전이구나'라는 생각을 하게 되고. 그러니까 듣고 기도하고, 저는 이런 사람들 말을 듣고, 내가 생각지 않았던 말을 하게 되면은 듣고, 기도를 하면 이제 답을 주시잖아요, 하나님이. 이래서 그런다, 저래서 그런다 이렇게 말씀 주시니까. '이거는 큰 문제다, 우리 아이들이 갔으면 갔지 더 이상의 아픔이 있어서는 안 되겠다' [하고 생각을 하게 된 거죠].

[요한이를] 18년 동안 키울 때 공양[사랑과 정성]을 다 드려서 키웠어요. 진짜 잠 한번 제대로, 10년 동안 같이 자면서 제대로 자본

적 없어요. 애네들이 자면은, 발[로 이불을] 차면은 올리고, 그래서 내가 감기 한번 안 걸리고 애들을 그렇게 키우고…. 여기 오기 전에, 여기 한 10년, 12, 3년 됐는데, 이후로도 또 돼가지고 13년 정도 됐는데. 10년 동안 여기서 살면서도 항상 이렇게… 먼저도 그랬지만 그렇게 관리를 해주고 그렇게 애절부절하게[애지중지 키웠어요].

목회자로[가 되면 좋겠다고] 처음부터 요한이한테 얘기를 안 했었죠, 처음에. 자기가 스스로 깨달을 때까지 기다려[기다렸어요]. 왜냐면 부담함을 줄까 봐 말을 안 했어요. 말 안 했는데 스스로 찾더라고, 고2 때 올라가서. "엄마", 이것 좋고 이것 좋고 다 한다고 얘기를 했는데 결론에는 아빠처럼… 아빠가 치유하는 신유은사가 있거든요. 치유하는 걸 보고 너무 좋은 거예요, 애가. "엄마, 나 아빠처럼 목사님 될 거야" [하고] 마지막 결정을 한 지가 [참사 일어나기] 몇 달 전이에요. 2학년 때일 거예요. 그렇게 하니까 내가 너무 좋은 거예요. '세상에, 주님을 만났구나, 쟤가' [하는 생각이 드는 거예요]. 나는 주님과 교통을 하고 있었지만, 애한테 부담 안 주려고 기도만 하거든. 뭐 한다 그러면 "그래, 알았어. 응, 그래. 그래" 이렇게 했는데 답은 책을 보며 찾은 거예요, 고2 때.

그래서 너무너무 기뻐 가지고, 자기가 주님과의 만남이 됐으면 주님과 교제가 이루어지거든요, 개인적으로. 그래서 그 전에도 없었던 건 아니지만, 자기의 일대일의 하나님은[과의 관계 맺기를] 인생을[의] 목표를[로] 이제 잡은 거예요. 그러면 이제 열심히 신학대학을 보내야 되겠고, 주님의 일을 하도록. 그 전부터 물론 이 아이가 정말 훌륭한 아이가 되기를 저는 기도를 하면서 물심양면으로 애간장을 넘으면서[태우면서] 진짜 걔를 키웠어요. 〈비공개〉

"기도하고 맡기면 하나님이 하실 거지 않냐" 이런 식으로 저는 얘기를 하는데, 그래서 '이제 더 이상의 아픔의 참사를 겪으면 안 되겠구나. 나와 같은 아픔이 이 나라에 더 존재해서는 안 되겠구나. 이 아이들이 마지막이어야 되겠구나'라는 생각에 더 활동을 하게 되는 거죠. 근데 주위에서 그런 걸 안 거예요. 이분들이 자기 아이들의 아픔만 가지고 일하지 않고, 이 아이들이 왜 이렇게 희생당할 수밖에 없었는지 진상 규명을 하고, 그다음에 아픔이 이 나라에 더 이상 존재하지 않아야 되겠다는 그런 각오로 지금 활동하고 있다는 거를 안 거예요. 그래서 이 촛불이 저는 기도의 응답이라고 봐요, 하나님[의 응답]. 그래서 전국에서 일어나서 이 나라가 이렇게 잘못되어 왔었던 정부였구나 [하는 것을 알리고 있는 거지]. 마지막 종지부가 우리 아이들인 거예요.

면담자   촛불집회에 참석하시면서 세월호와 관련된 박근혜의 잘못을 어떻게 해야 한다고 생각하셨어요?

요한 엄마   [배가] 잘못돼서 저기[침몰] 됐으면, 제가 그 회사에서 연락받고 오는데 테레비서 보는데 [배가] 이렇게 넘어져 있는데, [승객들은] "나와라" 그러면 다 나오게 생겼어. 동생한테 전화하니까, 기도해 달라고 전화하니까 "누나, 걱정하지 마. 그[섬들] 인근이고 다 살 수 있을 거야. 다 구조될 수 있을 거야" [하더라고요]. 제가 아무리 이리 봐도 저리 봐도 "나오라" 하면 나올 수 있을 것 같애. 근데 주위에서는 하나도 구조가 안 돼요. 가만히 있는 거예요, 구조자도 없고 뭣도 없고… 한참동안. '이게 뭐야 도대체. [설마] 구해주겠지', 그때는 정말 다 구해줄 줄 알았어.

이제 학교를 도착했어, 1시간 후에. 11시쯤 도착을 했는데 조금 있다가 막 사람들이 난리[가] 났는데 "전원 구조가 됐다"는 거예요. '이상하다, 사람은 나오지 않는데 전원 구조가 돼?' 이상한 거예요. '어우, 이상하다, 이상하다' 그래 가지고 [있는데], 저기 어떤 분이, "구조됐다고 하니까 걱정하지 말라"고 [하시는 거예요]. 근데 걱정 안 하게 됐냐고 애들이 안 나오는데, 배만 덩그러니 있는데, '이상하다, 이상하다' 했는데 결론은 이게 오보였다는 거예요, 그게. 그리고 사람들을 만나보니까 그 언론 때문에 사람들이 안도를 했다는 거야. 모르는, 생판 모르는 우리와 관계없는 다른 국민들이 '아, 이제 다 살았구나'라고 생각을 한 거예요. 그래서 다른 제스처를 안 했다는 거예요.

또 나중에 알고 보니까, 실태를 알아보니까 구조를 방해를 했다는 거야. 지금 박근혜 대통령이 구조하라고 했다 하잖아요. 믿을 수가 없는 말이에요. 정부가 구조하라고 했으면 그렇게 안 해요. 누가 방해를 해? 해경, 해경이 방해를 했어. 민간인이[민간 잠수사들이] "갈까요?" [해도] "가지 마세요" [하면서] 다 막은 게 해경이에요.

경찰도 마찬가지고, 경찰도 지령하면 끝이잖아요. [위에서] 하라고 하는 대로 [하잖아요]. 우리가 원하는 대로 해줘요? 비키라고 해도 안 비키잖아, 인도인데 막고 있잖아요. 분명히 청와대 간다는데도 다 막고 있잖아요. 왜? 자기네가, [위에서] 막으라 하니까, 그 사람이 힘이 있어요? 시키는 대로 하는 거잖아. 이것도 좀 문제지 않냐. 그래서 저도 이제 활동하면서 말을 하는 거예요. "대체 의견 제의는 하느냐. 잘못됐지 않으냐. [위로] 좀 올려라, 왜 지령만 받고 있느냐. 한번 봐라. 뭐가 잘못됐느냐. 이게 [위로는] 말할 수 없[는 거]냐". 근데 이미 체계가 그렇게 돼 있다며, 그런 거는 아닌 것 같아. 제대로 된 사람이 지도자의 위치에 있다는 거는 굉장히 중요하다고 생각해요. 나 이번처럼 철저하게 느낀 적이 없어요. 어떤 사람이냐에 따라서 그 가치관이 흘러내려 와요, 밑으로.

저희들도 박근혜 대통령이 그럴 줄 몰랐죠. 박근혜 대통령 같은 경우는, 제가 시장을 갔는데, 제가 찍었는지 안 찍었는지 기억은 없어요, 근데 어떤 사람이 뭐라고 하는지 알아? 할아버지가 앉아가지고 막 선거운동 했던 거죠. 다른 사람은 다 가정이 있으니까 또 비리를 저거 할[저지를] 줄 모르니까, 박근혜는 가정이 없으니까 비리를 벌일 이유가 없다는 거예요. '그 말도 맞네. 자기 혼자밖에 없으니까 가족을 위해서 뭐 다른 나쁜 짓 하지는 않겠네' 그런 생각을 했던 거죠, 사실은. 근데 제2의 세력으로 인해서 더 망치는 그런 거죠. 그런 배경보다도 중요한 거는 그 사람 속에 있는 자질[의 문제이지요].

면담자   촛불집회 나가시면서 박근혜가 탄핵이 되어서 진상규명, 인양 등의 과제를 그래도 좀 풀어갈 수 있다고 보셨는지요?

요한 엄마　　　물론 저는 그래요. 세월호 참사 때까지만 해도 탄핵까지는 세상에 안 봤어요. 왜냐면 빨리 [대통령 스스로가] 돌이키고 빨리 수습하기 바랬어요. "잘못했으니까 앞으로 이렇게 이렇게 하자" 그거를 그렇게 말했어요, 기도하면서. 저도 그 주의란 말이야. 대통령이 돌이키고 빨리빨리 해결해 주기를 그렇게 바랬는데, 그렇게 안 되는 거야. 그리고 "세월호도 인양해라"[고 계속 요구했지만 듣지 않았죠]. 진상 규명, [그것을 위한] 첫째[과제]가 세월호[인양]예요. 근데 자꾸 법으로 나오니까 우리가 이쪽[특별법 제정 쪽]으로 뛰는 거지. 사실은 이거거든, 여기를[인양으로] 가야 되거든요. 왜냐면 [법] 제정을 해야 일을 할 거기 때문에 자꾸 이쪽으로 뛰는데, 실질적으로는 세월호 인양이에요. 이거를 해야 진상 규명이 되는데, 이것도 막고 있잖아요. 문제가 많아요, 정부에 다 그게[문제가] 엄청 많아요.

세상에 한 사람이 잘못함으로 인해서 수많은 사람들이 피해를 보는데, 그건 인생에 제대로 된 가치관을 가진 사람일까 [하는 생각이 들어요], 지금까지도 기회를 줬었는데. 저는 아까도 말씀드렸지만 정말 돌이키기[를] 바랬어요. 탄핵까지 안 되고… "내가 잘못했습니다" [하기를 바랬어요]. 만약에 자질이 안 된다면 물러나는 건 자기 문제고, "내가 물러나겠어요" 그 정도로 양심이 깨어 있기를 바랬어요. 정말 최소한의 저거만 바랬어요, 처벌 압축해서[최소화해서]. 자진하면 뭐든지 이렇게 감소되잖아요. 저는 정말 그거를 그렇게 바라고, 개인적으로. 다른 사람들 다 똑같진 않겠지만 "용서해

줄 테니까 바르게만 얘기해 주세요", 왜 그랬는지 회개하고 빨리 우리나라[를] 수습하기를 그렇게 바랐는데 그게 안 돼가지고, 시일이 끌어지기 시작하면서 최순실 게이트로 나온 거예요.

답이 나온 거예요, "이제는 안 되겠군요". 저도 믿는 자로서 참았던 그런 목소리가 [나오더라고요]. 더 이상의 우리 괴롭힘만 끝났어야 되는데, "이젠 안 되겠군요". 전 국민을 잡고 흔드는 거야, 이제. "안 되겠군요. 당신은 그 자리에 있으면 안 되겠군요, 더 이상은".

4
4·16 이전의 삶, 시신 수습, 장례 이후

면담자   어머님, 조금 정리를 해보면 지금 어떤 활동을 하시는지, 어떤 생각 가지고 계신지 말씀해 주셨어요. 그 전에 어머님과 요한이의 삶 있잖아요. 어머님이 어떻게 살아오셨는지 삶의 일대기를 한번 얘기해 주세요.

요한 엄마   저는 시댁이 안산이고요. 요한이가 여기서 고대병원에서 태어났고요. 그때 [요한이 아빠가] 전도사님이셨기 때문에 안산에서 사역하시다가 목사님이[요한이 아빠가] 설교를, 그때 당시 전도사님인데; 설교를 서울에서 자기는 하고 싶다[고] 얘기를 해서 기도를 했는데, 요한이 낳고 나서 3일 금식한 다음에 서울에 그 다녔던 교회에서 [요한이 아빠를] 부르신 거예요, "와서 주일학교에서 봉사해 주라" [하고]. 그래 가지고 서울로 가서 거기서 4년 살고 대학원 졸업하면서 개척을 하면서, 목사 될라면 그때 당시에 개척을 했어야 될 거예요. 그래서 개척을 하고, 개척을 어디서 시작했느냐, 어머니하고 살았던 그곳에서요.

가정에서 개척을 하고 그다음에 교회로, 안산 저기 어디지? 거기 어느 고등학교 있는데… 기사촌 사거리 근방 지하에서 시작을 했는데, 7개월인가 8개월 됐을 때, 거기도 뭐 기도만 하고 살았죠, 7개월, 8개월 돼서 목사님 또 서울을 그렇게 좋아해, 저도 좋아했고 목사님도 좋아했고….

그래서 또 서울로 갔어요. 서울로 갔으니 [거기서] 개척하다가, 그다음에 부천으로 가서 성도님들, 이제 부천에 계신 분들이랑 우리 친한 식구들이라, 부천으로 가서 거기서 또 2층으로 이사 가가지고 거기서 또 그렇게 하다가, 40일 금식을 하면서 목사님이 또 "이사를 가야 되겠다"고 그러시더라고요. 그래서 이사를 어디로 가야 되나 했는데 또 서울로 갔어요.

면담자   이동이 진짜 많으셨네요?

요한 엄마   그러니까 요한이가 이사를 엄청 많이 갔어요. 고생도 많이 했죠. 그래서 서울로 가서 70평[을 월세로 얻어서], 이제 [개척교회를] 했는데 거기서 완전히 바닥을 친 거예요. 아무것도 없는 사람이 세상에 7, 80만 원, 물론 서울에서 7, 80만원 월세 내고 있기가 쉽지가 않잖아요. 그래서 바닥을 치고 나서 갈 데가 없으니까 어머님 댁으로… 어머님[이] 그때 혼자 사셔서 어머니 댁으로 가겠다고 그러시더라고요.

면담자　　　시어머님 댁이요?

요한 엄마　　네, 시어머니가 여기 안산 사시니까. 그래서 목사님이 얘기를 하니까 "와라. 오는데 네가 일을 다녀야 된다" [하시는 거예요]. 그때는 개척교회니까 기도하고 봉사하고 교회 일만 했었는데 "오면은 이제 일을 다녀야 된다"라고 이렇게 얘기를 하신 거예요. 근데 그 전에 저한테 응답을 주셨기를 하나님이 "이제 네가 할 수 있는 일을 해라". 왜냐면 엄마로서의 자식들을 키워야 되니까 돈이 없으니까 못 먹이면 안 되잖아요, 어쨌든 목사님 하시더래도…. 그래서 안산에 왔는데 그렇게 하란 말을, 응답을 듣고 왔는데, 목사님 어머니가 그렇게 얘기를 하셔서 와가지고 바로 일을 다니기 시작한 거죠.

　　근데 개척교회 하면서 사모들은 무척에 고생한다고, 알고 계실지는 모르겠지만 어마어마한 고생을 해요. 그에 따라 자식들도 그렇게 고생을 해요. 목사님은 말씀만 전하지만 다른 일은 다 사모들이 하거든요. 그래서 그것도 나에게 주어진 일이니까, 내가 말씀드렸듯이 기쁘게 [과거에 고생한] 얘기를 한다고 그러잖아. 근데 일을 다니면서 당장 돈을 벌어야 되는데 무슨 일을 할까 [하고 고민을 했어요].

　　결혼 전에 엄마가 사실은 저기를 했었어요, 약간 반대를 했는데, 그때 제가 뭐라 그랬냐면 "내가 파출부를 해서라도 목사님, 저 사람하고 결혼해서 살겠다"라고 얘기를 한 거예요. 그래서 엄마가 기도하는 엄마라 굉장히 고생할 것 같았나 봐요. 그래서 반대를 한 거예요. 근데 목사님 무척 싫어라 하죠. 다른 사람[의] 반대 안 했는데 엄마가 반대를 하고…. 근데 어떤 분은 "엄마는 이제 영안[영적인 눈]이 열려서 미리 봤지 않느냐, 그래서 반대를 했지 않느냐" [하고] 얘기를 하더라고요. 그래서 좀 위로를 받았을 거예요.

그래 가지고, 그럼에도 불구하고 내가 목사님과 결혼하라는 하나님의 응답을 받았기 때문에 저는 요지부동이죠. 돈 한 푼도 없는 사람인데, 저희 [하나님의] 종들은 거의 돈이 없어야 돼. 지금은 있는 분들이 많이 있겠죠. 근데 그때 당시에는 저는 없는 걸로 알고 있었고, 진짜로 없더라고요. 근데 우리 [교회] 사모님이[내가 다니던 교회 사모님이] 그전에도 그러… 저는 사모로 간단 얘기를 그때 10년 동안 훈련 기간이라서 말을 안 했는데, "제발 좀 있는, 사모라도[목사 사모로 결혼을 한다 해도] [돈] 있는 사람[목사]하고 갔으면[결혼했으면] 쓰겠다[좋겠다]" 했는데 [어떤] 목사님[을 만나게 해달라고] 기도를 하나도 안 한 거예요.

왜냐면 내가 주님한테 맡겼지, 내가 주의 길 가겠다고 [한 거지] 그거[특별히 어떤 목사님과 결혼하겠다고] 한 거[는] 아니니까. "저 사모 하겠습니다" 하고 내 훈련을 했어요. 그랬더니 결혼하고 보니까 이게 아무것도 준비가 안 된 사람이야, 그러니까. 늦게 주님이 불러가지고 신앙을 가진 분이에요, 늦게…. 33살엔가 간 거예요, 그

전에는 몇 번 갔다 말았다 했다는데. 그래서 그런 거 안 보고 제가 결혼은 "제가 파출부라도 하겠습니다"[라고 하고] 했는데 진짜로 와 갖고 파출부를 하게 된 거예요. 내가 엄마한테 얘기했던, 그니까 말이 그렇게 중요한….

그래서 파출부를 하기 시작했는데 세상 사람들의 저거를 본 거야, 그렇게 힘들 게 산 거를 본 거야. 저도 마찬가지지만 저는 기도하면서 세상 사람들의 모습을, 그 아픈데도 질질 끌어가면서 약 먹어가면서 자식들을 위해 가정을 위해, 때로는 남편들이 참 생활력이 없는 사람들이 많이 나오잖아요. 그렇게 사는 모습을 보고 너무나 존경스러운 거야. 제가 사모가, 바뀌게 된 이유가 그 10년은 이렇게 파출부 하면서 느낀 거예요. '세상에 훌륭한 사람들이, 반드시 좋은 학교만 나와서 지식만 쌓은 게 훌륭한 사람들이 아니구나. 정말로 이 밑바닥에서 저렇게 열심히 사는 국민들이 있기에 나라가 존재하고 그러는구나' [하는 생각이 들더라고요]. 너무너무 훌륭하고 존경스러운 사람들이에요.

그래서 김대중 옛날에 대통령께서, 그 대통령님께서 "존경하는 시민 여러분"[이라고 한 말뜻]을 저는 이해를 못 했어요. '왜 존경한다 그러지, 자기는 더 위에 있는 사람이'. 이해가 안 됐었어요. 근데 제가 그걸 살면서[파출부를 하면서] 그걸 느낀 거예요. 아, 왜 그분이 "존경하는 시민 여러분, 국민 여러분" 이렇게 말씀을 하셨는지 그때서야 이해가 되는 거예요. '아, 그분은 이미 그런 걸 알고 있었구나. 시민들의 삶을 알고 있었구나'.

그래서 그분들의 가치를 알고 있는 분이 저는 고 김대중 대통령이라고 생각을 해요. 제가 일 끝나고 오는데 그걸 들었거든요. 오산에서 연설하는데 "존경하는 시민 여러분, 국민 여러분" 이렇게 얘기를 해서 그때 처음 들었던 게… 저는 의문이 안 풀리면 가지고 있어요. 언젠가는 그걸 풀어야죠, 그걸 갖다가 왜 그랬는지. 그래서 '아, 이거였구나' 그리고 그다음부터 10년 동안 살면서 가치관이 바뀌면서 이 모든 사람들이 너무너무 소중하고 막 눈물겹도록 이쁜 거예요.

면담자   예를 들어서 어떤 거죠?

요한 엄마   교회에서는 내가 생활하는 거는 결단을 했기 때문에 더 어려웠어도 물질적으로 어려웠어도 국민들의 삶을 못 봤다는 거죠. 영적으로 사랑하고 기도한 것만 많았지만 실제 삶은 안산에 와서 본 거예요. 저는 그렇게 바닥 생활을, 아가씨 때도 하지도 않았고 항상 좋은 직장, "하나님 이런 거 주세요" 하고 열심히 뛰어가지고 그 직장 가고 그러니까, 그야말로 나의 아름다운 생활을 한 거예요. 10년 동안 김금자의 삶을 살았는데, 결혼해서는 교회 사모로서의 역할을 하니까, 바닥 생활을 이미 하고 있는데 교회에서는 시민의 삶을 보지 못하잖아요.

근데 직접적으로 일을 나가면서 사람들의 삶을 알게 된 거예요. 이건 사실은 더 바닥인데, 여기는 내가 돈을 버니까 풍족하게 써요. 여기서는 손에 돈 없으면 빚으로 살아야 되고 안 먹어야 되고, 밥만 겨우 김치에다 먹고. 내가 "굶지 않게 해달라"고 기도를 했거든요. 근데 굶지는 않았어요, 저기 했을 때. 근데 자식은, 요한이는 힘[이] 없어서 [풍족하게] 못 차려주고 이런 건 있었는데, 실질적으로 삶을 뛰쳐나가 보니까 사람들이… 민생을 알게 된 거예요, 민생.

면담자   구체적으로 어떤 게 많이 보이셨던 거예요?

요한 엄마   그러니까 제가 아까 말씀드렸잖아요. 제가 하나님이 "일을 해라. 너 할 수 있는 일을 하라" 그러시더라고요. "바닥청소라도 할까, 어떻게 할까요?" 그랬더니 그 메시지를 주고받았는데 목사님이 "어머님 댁으로 들어간다"고 그러니까, 들어오니까[가니까] 어머님이 "일을 다니라"고, "그래야만이 들어와서 살 수 있다"고 얘기를 하시더라고. 목사님한테 전화 왔다고 그러시더라고. [그래서] "알았다"고 [했지요].

　　그래서 오자마자 먹을 게 없으니, 어머님은 나이 드셨는데 우리[를] 뭐 대주겠어요, 아니거든. 오히려 생활비를 줘야 되는 집이에요. 그래서 일을 다니기 시작했는데, 그 국민들의 삶을 본 거예요, 실질적인. 그러니까 제가 말씀드렸잖아요. 자기 몸[은] 쉬고 싶은데 자식을 길러야 되고 남편이 제대로 역할을 못 하니까 벌어야만 살 수 있는 사람들의 모습을 눈을 뜨고 보는 거예요. 저도 힘들어서 나오지만 그들도 그렇게 힘들게 나오더라는 거죠, 쉬지 못하고. 물론 쉬는데 하루 이틀이지만 별거 아니에요.

면담자   동료분들을 보고요?

요한 엄마   동료분들을 보고. 이 세상 사람들이 이렇게 어렵게 사는데도 불구하고 자식들을 위해서 그렇게 쉬지도 않고 약 먹어 가면서… 여기가 아파 갖고 달달달 하면서도 병원 가면 일하지 말라 하는데도 파스 붙여가면서 약 먹어가면서 일을 하는 모습을 제가 감동을 받았다고 보면 되죠. 하루 이틀 보는 게 아니잖아요. 그런 신념을 본 거예요, 신념.

처음에는 회사를 안 가고 싶어도 갔던 이유가 당장 돈이 필요하기 때문에, 남편이 40일 금식해서 저거를 해줘야 돼요. 보약도 사줘야 되고 약값도 대야 하고, 그것도 어마어마하게 들어요. 그리고 생활비 내야 되고 자식들 키워야 되고 또 모아야 되고 그러니까 불철주야 뛰지 않으면 살 수가 없는 거예요. 처음에는 기반만 잡았죠. 어떤 일인가 내가 모르니까, 해보지 않았던 일이니까 기반만 딱 잡고 나니까, 기도하는데, 생명을 다해서 일을 했어요. 일을 하면서 "하나님 그럼 어떻게 할까요?" [하니까] "그럼 너는 복음을 입술로 전하지 말고 몸으로 보여주라"고 그러더라고요.

그래서 그렇게 일을 힘들게 하는 데도 불구하고 투정을 하거나 사장님한테 원망을 하든가 이런 말이 없는 거예요. 그러니까 주위에서 보고, 믿는 자도 있고 안 믿는 자도 있는데, 웃는 거예요. "세상에, 맨날 밥만 주면 저렇게 투정도 없이 일을 한다"고… 집사님이… 이렇게 웃으시면서 "신랑한테 사진 좀 찍어서 보냈음 쓰겠다"고 "일하는 모습이 너무 이쁘다"고. 내가 이뻐서가 아니라 주님의 힘을 입어서 일을 한 거거든요, 최선을 다해서.

내가 그렇게 하는데 그에 못지않게 안 믿는 사람들도 그렇게 하더라는 거죠. 그래서 정말 정말 훌륭한 국민들이구나. 근데 '정부에서는 이런 거 모르겠지'라고는 생각은 했어요. '위에서는 모르겠지. 이렇게 열심히 살고 있는 시민들을 모르겠지'. 그래서 기도를 제가 어떻게 했냐면, "이 정부가 시민들을 위한 정치를 하게 해달라"고, "국민들을 위한, 서민들을 위한 정치를 하게 해달라"고 기도를 했는데, 버스 값도 내리고 환승도 되고 이런 거 됐잖아요. 근데 지금은 정부가 썩어서 그렇게, 정치를 그렇게 한 거지만 실질적으로는 좋아진 것들이 많이 있잖아요.

그래서 그렇게 기도를 했어, "서민을 위한 정치를 해달라. 이렇게 어려운 사람들도 같이 더불어 살 수 있는 나라가 됐으면 좋겠다" 해서 그렇게 기도를, 저도 했고 대표기도 할 때도 그렇게 했고…. 그렇게 하고 살아서 가치관이 바뀌었죠. 정말 훌륭한 사람도 있죠. 그런 사람도 훌륭하지만, 잘됐다[성공했다고] 해서 훌륭한 건 아니라는 거죠. 이미 됐다, 있다 해서 다 무시하고 함부로 해야 될 사람이 아니라는 거죠. '이들의 피와 땀이 있었기에 이 나라가 존재하고 있구나' 이거를 알게 된 거죠, 하나 플러스해서[더해서] 알게 돼서.

옛날에도 저도 좀 위에 이렇게 하고 있고 우쭐하고 도도한 사람이라 그 훈련을 10년 안에 엄청나게 한 거예요, 저[를] 바보로도 만들고 하나님이. 그래도 "아버지, 나 어떡해요" [하면] "네가 교만

해서 그러지 않냐"[라고] 하나님이, "교만하니까…". 근데 이게 너무 뿌리가 깊고 어렸을 때부터 곱게 커가지고, 클 때는 곱게 커가지고 엄청 잘난 척하고 다닌 사람을 하나님이 들어 쓴다고 데려왔는데, 들어 쓴 이 위치는 아랫사람들을 돌보는 일이잖아요. 생명을 귀중히 여기고 전도하고 그들의 삶을 살펴주고 함께해 주고 이렇게 해야 될 위치에 있기 때문에, 내가 이게[교만을 버리는 것이] 안 된 거예요. 위에만 있던 사람이 이거 되는 데 10년 걸린 거야.

10년 걸렸는데도 또 안 되니까 개척교회 하면서 살 때도 힘들었지만 실질적으로 와서 보여주는 거예요, 이들을. "이렇게 열심히 살고 있단다"[라고] 한마디로 보여주는 거예요. "아, 그랬군요. 네, 알았어요, 하나님. 제가 그렇게 잘못된 사고방식이었네요". 그리고 김대중 대통령 생각나게 하고, 그다음에 '이들을 잘 헤아려주는 잘… 사모가 돼야 되겠구나'라는 것을 하고 있는 찰나에 요한이가 10년 정도, 여기 산 지가 10년이거든요. 근데 지금은 12, 3년 됐지만 그 시점에 요한이가 이런 일이 생긴 거예요.

그래서 요한이 가기 전에 상황은 제가 그랬어요. "엄마 엄마, 우리 수학여행 가는데 경주, 설악산, 제주도인데 엄마 어디 갔음 쓰겠어?" 그러더라고. "아, 너는 설악산이야. 왜냐면 엄마도 설악산으로 갔고 너네 수준은 제주도는 아닌 것 같애, 좀 커서 가. 설악산을[에] 엄마 동그라미 칠게" 그래서 동그라미 쳐서 [학교로 보냈어요]. 좀 지나고 와서 이틀인가 지나고 와서 "엄마 엄마, 우리 제주도 가야 돼" [해서] "왜?" 그랬더니 "다 제주도 간대. 선배들도 원래 제주도 갔대, 다 학교가" [그러더라고요]. "어, 그래", 그러면 뭐 결정이 됐다고 하니까 다수의 결정이 됐다고 하니까 할 수 없는 거잖아.

내가 집은 비록 어머니 집에서 살고 있지만 다른 거는 제가 버니까 다 해줘야 되겠다는 그런 마음가짐으로 돈을 벌고 있었어요. 내가 "그래, 그러면은 엄마가 해줄 수 있는 일이면, 자금 내주는 거니까 그렇게 해야지" 그러고 저는 아니었지만 결정이 그렇게 났으니까 할 수 없는 거잖아요. 내가 해줄 수 있는 부모로서의 위치가 보내줘야 되는 거잖아. 엄청 추억거리고 비행기 타고 싶어 했고 제주도 가고 싶어 했던 애였기 때문에 항상 기도하라고 내가 시켰었던 거고, 근데 간다고 하니까 그렇게 하라고 했어요.

그리고 불철주야 처음에는 한 직장을 다녔지만 나중에는 두세 직장 더 다니고 일을, 파출부를 파트타임에 뛰고 이렇게 하고 애들 관리하고 생활하고 했는데, 내가 100프로보다 [살림을 다 못 하니까 우리 요한이가 뒤쳐진 살림을 다 해주고, 어머니는 이제 어머니 일만 하시라고 했어. 내가 최근에 어머니 밥까지 차려주다가 너무 힘들어 가지고, 내가 두세 탕 뛰다 보니까 어머니한테 손길이 안 가니까 "어머니, 어머니만 신경 쓰세요. 우리 가족은 내가 알아서 할게요" 하고 분리를 시켰죠. 한 가정에서 두 가정이 사는 거죠. 이제 애들 관리는 내가 하면서 먹는 거만, 밥 못 해주면 빵 사다 주고 뭐 좋아하면 뭐 사다 놓고 먹게끔 해놓고. 또 학교 가서 먹으니까 나머지는, 그래서 그렇게 생활을 했는데.

[수학여행 가기] 일주일인가 전엔가 모른 거예요, [그렇게] 시간이

간지. 선생님한테 전화가 왔었어요, 요한이가 [수학여행비를] 안 냈다고. "어머, 시간이 그렇게 됐냐"고 제가 "몰랐다"고 "죄송하다"고 그래 가지고 바로 입금을 시켜드렸는데, 3, 4일 지났는데 가기 3일 전부터 마음이 불안한 거예요. 내가 요한이 키우면서 [그렇게] 불안한 적은 처음이에요. 항상 기도하면, 어디 아프면 치료해 주시고 항상 기도를 응답해 주셨던 하나님인데 3일 전부터 불안하기 시작하는데, 우리가 매일 기도회를 하고 있었다는 거예요.

그래서 제가 불안하니까 기도 부탁을 했어요. "제발 요한이 갔다 오는데 기도 좀 해달라"[고]. 불안하다는 말은 액면적으로 다 내지를 못하고 어떻게 덜덜덜 하는데, 딸하고 남편이 우습게 여기는 거예요, 그냥 쬐끔 기도하고 말고. 그래서 내가 계속 마음이 불안해서 또 한번 얘기를 했어요, "기도 좀 해달라. 내가 마음이 좀 저기[불안] 하다"[고]. 근데도 내 마음을 이 사람들이 모르는 거야, 내가 바쁘니까 말을 제대로 못 연결[전달]해 줬고. 근데 나중에 간 다음에 하나님이 회개시켰다고 하더라고요, "너 왜, 기도 솔직히 많이 안 했지 않냐", 목사님한테… "너 기도 안 했지 않냐" [하고요]. 보니까 자기가 기도를 안 한 거예요. 나는 기도를 한 거예요, "하나님" [하면서], 막 불안하니까….

그래서 요한이를 이튿날엔가 내가 불렀어요. "요한아, 엄마가" (기침) "내가 너 진짜 제주도 가는 게 지금 굉장히 미안하다, 아니 불안하다" 그랬더니, 요한이가 자기한테는 그 마음이 안 왔는지 그냥 왔다 갔다 하더라고요. 근데 계속 불안한 거예요, 3일 동안. 그래서(한숨) 내가 또 이랬어요. "요한아, 너 배에서 애들하고 좋다고 까불고 장난하다가 친구들이 너를 밀어버릴 것 같다. 굉장히 내가 불안한 그런 마음이다. 너 [배] 속에 들어가서[타서] 안전하게 잘 있어, 애들하고 까불고 그러지 말고" 그랬더니 쪼끔 몇 시간 왔다 갔다 하더니 엄마한테 "에이, 엄마 내가 다 컸는데 뭔 장난을 하냐. 엄마 걱정하지 마라. 내가 [조심하면서] 들어가 있겠다" 그러더라고요.

그러고 나서 그 전날 밤에 "짐을 빨리 싸라" 그랬는데 짐을 싸면서 내 옆에 딱 오더니 "엄마, 나 배에서 죽을 것 같애" 그러는 거예요. 애가 굉장히 영적인 애거든요(한숨). 내 마음이 불안한데 애까지 이렇게 말을 하니까 어떻게 할지를 모르겠는 거예요. 그래 갖고 제가 요한이한테 그랬어요. "너 혹시 내일 어떻게 여행 가?" 그랬더니 스케줄 얘기를 하는 거예요. "아침 7시에 학교 가가지고 공부하고 4시에 끝나고 인천에 가가지고 밤에 가" 그러는 거예요.

내가 왜 물어봤냐면 아침에 간다고 그러면 내가 출근을 6시 반에 하니까 가지 마라고 할라고, 너무 불안하니까 "너 가지 마. 가지 말고 선생님이 나한테 전화 오면 내가 요한이 늦잠 잤다고, 늦잠 자서 못 가니까 요한이 빼고 가라고" [하려고 했어요]. 나는 이렇게 전체적인 사건인지 모르고 우리 요한이한테만 뭔 일이 있을 줄 알고 제가 그렇게 얘기를 [하려고] 한 거예요. 할라고 얘기를 했는데 뺄 수가 없는 거예요. 애는 막 들떠 있지, "엄마, 누구누구랑 다섯 명이랑 콜라 먹고 맥주, 아, 맥주래, 통닭 먹고 이렇게 하기로 결정이 됐다"면서 붕붕 떠 있는 거예요. 근데 그 아이를 보면서 가지 말란 소리가 안 나오는 거예요. '기도하면 되겠지, 내가 너무 불안한 데 기도하면 되겠지'. 그 부분이에요. 제가 어느 정도는 할 수 있지만 100프로까지는 어떻게 할 수 없는 그런 [상황이었어요].

그렇게 하고 나서 그 전날, 그 말하기 이전에 또 무슨 일이 있었냐면, 과외 선생님이 여자 선생님인데 한 시간 반 동안을 계속 제주도 얘기만 하는 거예요, 공부는 안 하고. 내가 그때는 불철주야 돌다가 애들을 좀 각 잡고 줄도 제대로 저기 하고[생활 습관이나 공부하는 습관을 들게] 할라고 주간 타임을 뛰는 회사를 다녔는데, 밤에 늦게 9시인가 10시인가 야자 끝나고 오면 [과외] 수업을 받고 그러거든요. 그래서 저 오고 나서 과외 선생님 오는 시간이에요. 근데 그렇게 제주도 얘기를 하는데, 막 여기서[가슴속에서 화가] 불끈불끈 올라오는 거야. 비싼 과외비 주는데 지금 공부는 안 하고 제주도 얘기만 하고, [그렇다고] 선생님한테 낯 뜨겁게 할 수는 없고.

그래서 선생님 가신 다음에 얘기했는데, 이렇게 느낀 게 뭐냐면 한 줄기 느낀 거는 어… 요한이 어떤 그 뭐라 해야 될까… 좀 좋지 않은 감정 있잖아요. 공부보다는 애한테는 그게 더 소중한 그 어떤 거, 불안함 속에 거기까지 오는 거예요. 그래서 참았던 이유 중에 하나도 그것도 있지만… 또 선생님께 도리가 아니고 얼굴 뜨겁게 하기 싫어서 '간 다음에 혼내야지'라고 하는 마음도 있었고, 그리고 가신 다음에 제가 그랬어요, 요한이한테.

원래 혼내질 않아요. 애가 혼낼 일도 안 하고 뭐 하질 않는데, 그때 처음으로 제가 막 그런 거예요, 야단을 친 거예요. 요한이한데 생전 야단을 안 치는데, "야, 너 왜 비싼 과외비 내고, 왜 공부는 안 하고 그래?" 그랬더니 요한이가 이미 목소리가 달라져 있어요, 제가 느끼기에. 우리 원래 평상시에 요한이 목소리가 아니고 이미 좀 동떨어진 목소리로, 굵은 목소리로, 엄마한테 막 말대답한다든가 이런 것도 없는 아인데 "엄마, 그거하고 이해 못 해주냐"고 한번 얘기를 하는 거예요. 근데 목소리가 이미 틀려, 내가 느끼기에. 이미 요한이 목소리가 아니라는 그런 느낌이 또 오는 거예요. 그래서 '아, 이걸 어떻게 해야 되나, 도대체가…' [하고 걱정을 했었어요].

그렇게 하고 있다가 내 직장을 가야 되니까 12시 넘어서 요한이가, 또 [과외 선생님] 가신 다음에 그 얘기를 한 거예요. "나 배에서 죽을 것 같다". 상상을 해보니 '배에서 가는데 왜 사람이 죽을까, 죽는다고 애가 말을 할까', 이게 이해가 안 되는 거예요. 보통 태풍이 안 불면 다 가게 되는 게, 아무 이상만 없으면 가게 되는 게 배의 동선이잖아요? 그래서….

면담자　　　요한이가 불안해했나요?

요한 엄마　　　원래는 내가 불안했었고, 그 위에[거기다가 요한이가] 가기 전날 짐 싸면서 "엄마, 나 죽을 것 같다"고 [하더라고요].

면담자　　　그러고 나서 계속 안 가고 싶어 했어요?

요한 엄마　　　그러지 않는 데다가 들떠 있더라고. 그런 마음은 영적으로 오는 거야, 자기가. 하나님이 주셨는지 이렇게 오는 거예요. 오는데 자기는 가고 싶은 거죠. 자기 마음하고 오는 거하고 틀리잖아. 내 상황은 상황이고 하나님은 너 이렇게 이런다 저런다 주시는 거를 영감이라 그러죠, 하나님이 미리 주시는 거. 그러는데 [수학여행 가는 거를] 막을 수가 없더라고. 아까도 그랬잖아요, 봐봤다고. 계속 주시를 한 거야. 안 가겠단 말만 하면 안 보낼라고.

근데 저 아이를 저지할 수가 없는 거예요. 너무 들떠 있는 거예요. 얘는 잡을 수가 없어. 평생 후회할 것 같아, 얘를 잡으면. 왜냐면 그렇게 좋은 데를 엄마가 안 보내서… 평생 기억이잖아요. 부모로서 이거는 보내야 되는 입장이고, 내가 그것도 그거지만[보내야 하는 입장도 입장이지만] 안 간다고 이만큼만 틈만 보이면 안 보낼라고 틈을 이리 보고 저리 보고. 내가 자식이라 해도 주장하는 자세가 아니라, 저도 그렇게 키움을 받지 않았고, 자유의지를 주면서 관리하는 입장에서만 저기 하죠[대해 왔어요].

이리 보고 저리 보는데 아니라는 거예요. 그래서 걔를 막지 못했던 이유 중에 가장 큰 이유예요. 너무나 들떠 있었어요, [그래서] 막지 못했어요. 어머니는 "그때 막지 그랬냐" 얘기를 하시는데, 걔의 상태로 봐서는 막을 수 없었고, 수업 그 일정 스케줄을 본 상태에서도 막을 수도 없었어요. 이미 이렇게 다 된 입장이라 요한이가 아침에만[아침에 수업하지 않고 바로 수학여행에] 간다 하면 내가 안 보냈어요, 진짜. 근데 그것까지도 안 돼. 내가 막을 수 없는 상태… 내 손 안으로서 내 권리로서는 할 수 없는 거, 그런 입장이었기 땜에 할 수 없이 보냈어요.

보냈는데, 새벽 6시에 꿈을 꿨는데… 저 안 믿는 사람을 어떻게 바라봤을지 그건 좀 궁금한데요. 저도 좀 그런데… 6시 넘었는데 꿈을 꿨는데 배가 가더라고. 나는 그 세월호를 한 번도 안 봤어요. 배가 가는데 제주도 가는데 두세 시간 전에 배가, 흰 배더라고요. 지금 세월호 있잖아요. 흰 배가 이렇게 가는데 갑자기 자연으로[저절로] 넘어지는 거예요. 깜짝 놀랬어. 일어나서 깼어요, 그때 일어날 시간이기도 하고…. 그런데 아무 연락이 없는 거예요. 그 꿈을 꿨으면, 진짜로 그랬다든가 뭔 이유가 있으면 연락이 있었을 거 아니야. 근데 연락도 안 왔잖아, 아무 연락도. 그래서 그 상태는 아무 일도 없는 거예요, 그 시간에는.

그걸로 생각을 하고 밥을 먹고 출근을 했죠. 출근을 했는데도 계속 불안한 거예요. 그래서 옆에 언니한테 8시 넘어서 일하는 언니한테, "언니, 나 사실은 우리 아들 제주도 여행을 보냈는데 언니 나 마음이 너무 불안해" 그랬어요. 그랬더니 막 웃는 거예요. 왜 그런가 이렇게 처다보니까 자기도 그 배를 타봤는데 어마어마하게 커서 차도 몇십 대 들[어가]고 걱정 안 해도 된다고 뭘 걱정하냐고 그러더라고요. 그 말 듣고 조금 안도했어요. "어, 괜찮겠지" 그러고 말았는데.

그날따라 10시, 9시 50분에 화장실을 가야 되는데, 화장실을 가고 싶지 않아서 제가 일할 때는 이걸[핸드폰을] 다 꺼놓고 안 보잖아요. 그래서 쉬는 시간에 이렇게 보는 거예요. 쉬는 시간에 이렇게 해서 틀어서 보는데 부재중이 두 개 와 있어요. 그 불안함에 답인 거예요, 이게. 생전 남편이 어디 가면 전화를 안 해요. 남편하고 형

요한 엄마 김금자

님이 나한테 전화를 안 한다고, 쓸데없이. 10년을 그 일을 다녀도 일할 때 전화를 안 한다고…. 제가 또 원래 싫어하고, 제가 원래 일하는 거 누구한테 터치받는 걸 싫어해요. 왜냐면 내가 그 일을 했을 때는 그 일에 몰입을 하거든요. 왜냐면 그래야 되고 사원으로서, 그래서 누가 이렇게 빼고 시간 빼고 이런 거를 또 싫어하고 터치하는 것도 싫어해서, 식구들은 아는 사람은 알아요.

와 있는데, '올 게 왔구나'라는 생각이 드는 거예요. 제가 불안했던 그 뭔가가 왔구나, 딱 열어보니까[핸드폰을 켜서 부재중 전화가 왔었던 거를 확인하고] 목사님한테 딱 전화하니까 "여보, 요한이가 사고 났어". 그 말을 딱 듣는데… 내가 불안했던 그 이유였던 거예요. 그래 가지고 "당신 어떡해요" 그랬더니 "빨리 와야 되지 않느냐"고 그래서, 내가 보기에 사고 났다 한 거 보니까 심각한 문제는 아닌 것 같애. 내가 봤을 때 이렇게 엎어진 것만 봤잖아요. 근데 엎어져도 침몰한 게 아니었어요, 꿈속에서도. 엎어지고 막 이렇게 있었던 거예요. 그리고 끝났는데 심각한 상태라고 생각을 안 했어요, 왜냐면 엎어지면 구조하면 되니까.

그리고 나서 있었는데 목사님이 "당신 알아서 해" 그러는 거예요. 그 말에 안 가면 안 되겠구나 싶어 가지고 회사에서 얘기하니까 가보라는 거예요, 빨리빨리 가보라는 거예요. "지금 사고 났는데 어디서 일을 하냐, 빨리 가보라"고 그래서 막 뛰쳐[나와] 가지고 오는데, 버스에[서] 보는데 [배가] 이렇게 뉘어져 있어요. 뉘어져 있는데 다 나오게 생긴 거예요. 아까도 얘기했지만 나오게 생긴 거예요. 그래서 또… 아, 그러고 있는데 집에도 전화하고 "괜찮을 거야" 이러면서 "구조할 거야" 이렇게 했는데 와서 보니까는, 그때까지도 한 시간 정도 걸리거든요, 그때까지도 구조[를] 안 한 거예요. 뭐, 누가 들어가서 애들 살리고 이러지도 않았던 거죠. 그래 갖고 인제 목사님 와서 계속 기도하고 나도 기도하고, "하나님…".

면담자 그럼 교회로 오신 거예요?

요한 엄마 온 거죠, 집이 여기니까. 목사님[이] 먼저 기도하는데 거기서 도저히 있을 수가 없는 거예요. '아, 주님께 더 가까이 가서 기도를 하자' 그래서 기도를 하는데, 형님이 저기 전화가 온 거예요. 아시는 분이, 거 시의원인가 하셨던 분이 계셔서, 연락이 왔대, "지금 진도 내려가니까 차 타러 빨리 가라"고.

그래서 목사님이 갈까, 원래는 목사님이 간다고 하더라고. 근데 내가 보기에 목사님 갈 일이 아니고 목사님은 지금 일정이 있고 내가 가야 될 것 같아. 가만히 기도만 하고 '내가 가야 되는데, 내가 가야 되는데' 하고 속으로만 그러고 있는데 목사님이 막바지에 "당신이 가" 그러더라고, 주의 음성을 들은 거죠. 내가 가야 돼, 목사님 일정도 있고 안 되니까. 내가 생각하기로도 거기서 "살려주세요, 살려주세요" 하는 것보다 '내려가서 진상을 보고 어떻게 해야 되지 않느냐'라는 마음을 먹었었는데 그거를 얘기를 했나 봐요. 시에서도 [버스를] 대절해 가지고 갔는데.

면담자 학교로 가셨던 거지요?

요한 엄마   학교로 갔죠. 학교 가서 상황 보니까 난리장판[난장판], 난리도 아니야. 진짜 사람들도 난리가 아니야. 뒤집어지고 난리도 아닌데, 전원 구조 했다는데도 뭐 이상하게 [구조]한 것도 보이지도 않고 '이상하다, 이상하다' 해서 주님께, 거기서 목사님이 나한테도 기도하라 그랬는데, 거기선 안 되겠는 거예요. 그래서 교회로 왔어요. '교회로 와서 더 하나님께 기도를 해야 되겠다' 해서 왔는데 그 연락을 받은 거예요. 가니까 내가 내려오면서, 차 대절해서 다른 사람[들은 이미] 타고 내려갔고 여기서 한 10분인가 기다렸을까요. 그때 내가 가가지고 거의 막차[를] 타다시피 해서 타고 올라갔죠[진도로 내려갔죠]. 목포에 동생이 사는데 팽목항을 가봤대요, 연락을 듣고. 가봤는데, "누나, 누나 가지 말라" 그러면서 애통해 갖고 있더라고.

면담자   친동생이요?

요한 엄마   친동생, 막냇동생. 거기도 목사님 하시는데, 개척교회 하시는데, "누나, 누나 가지 마", 억장이 무너진다고. "왜?" 그러니까 아무 조치를 안 하고 있다는 거예요, 팽목항에. 우리는 체육관으로 왔는데 자기는 팽목항을 먼저 왔대요. 누나 온다는 소식을 듣고 가보니까 119인가 뭔가 와 있고 아무 조치도 안 하고 있다는 거예요. "세상에, 이럴 수가 있느냐"고, 동생이 와가지고 그러면서 생존자들한테 "우리 요한이 봤냐, 봤냐?" 했는데도 애들이 다 안 봤다는 거예요. 그러면서 "세상에, 어쩜 이럴 수가 있느냐"면서, 그렇게 해가지고 애가 찾아가지고[진도로 저를 찾아] 왔더라고요.

그래서 제가 이 말씀을 노골적으로 드리는 이유는 뭐냐면 '좀 계획적이지 않았느냐' 이런 생각도 들을[든] 거예요. 왜냐면 하나님이 다 알고 계시잖아요. 알고 계시고, 하나님을 믿는 영적인 하나님은 친구다, 예수님은 친구, 예수님은 친구라고 했거든요. 우리 구세주지만 그 정도로 이렇게 같이 가는, 항상 함께하는, 성령님과 하나님과 함께하는 그러한 삶을 살기를 하나님은 응원하고 계시기 때문에 또한 그런 사람에게 하나님은 미리 보여주는 경향이 있어요. 그래서 제가 노골적으로 다른 사람한테 얘기는 좀 자제하지만 여기서는 솔직히 얘기하는 게, 좀 계획적이지 않았나 싶어요. 주님이 알고 계신, 하나님께서 알려주신 거죠. 저는 개인적으로 그렇게 봐요. 지금은 나타나지는 않았지만 계획적이지 않았나.

면담자   그때 당시부터 그런 생각을 하셨어요?

요한 엄마   그렇죠. 왜냐면 하나님이 나한테 불안함을 줬고 기도하게 했고 요한이가 그날 전에 "엄마 죽을 것 같애", 그다음에 새벽에 제가 기도를 해서 [배가 넘어지는 것을] 봤는 거는 주님은 알고 있었다는 거죠. 물론 제가 말했잖아요. 하나님 사랑, 원망하는 사람들이 왜 하나님은 안 살려주냐 [하는데], 하나님이 어떻게 아냐고요, 그 상황을. 사람이 살 수 있는 모든 거를, 나쁘게 하든 좋게 하든 하는데.

근데 이제 믿는 사람들도 좀 때로는 실망을 하는 거예요. "하나님은 그럼 기적이 없네요?" 미리 알려준 사람도 없다는 거죠. 제가 그래서 간증을 했어요, 딱 한 번 거기서는. 제가 그 글귀 때문에, 이게 하기가 굉장히 어려워요. 왜냐면 신앙이 있는 사람이 있고 없는 사람이 있기 때문에 "그럼 하나님이 왜 살려주지 않았냐" 이런 말을 하게 되고 조심스러워지는데… 전도사님이 그 얘기를 하는 거예요. "그러니 기적은 말할 수 없네요", "하나님이 먼저 알려준 건 없었다" 이 얘기잖아.

　　그래서 제가 얘기를 했어요. "사실은 알려줬다. 저한테 알려줬다. 그 희망을 끊지 말라"고 "기적은 있을 수가 있다. 근데 그 당사자가 될 수도 있고 안 될 수도 있다". 그래서 마음을 풀었어요. 그 말을 안 하니까 그런 사람이 또 생기더라고요. "하나님은 기적이 없으신 분이시냐, 미리 알려주시지 않나?" 이런 말을 하는 거예요. 저는 알려준 거죠, 요한이한테도 알려줬고. 근데 사태를 어떻게 할 수가 없는, 그러고 또 당장 사고 나지도 않았는데 사고 났냐고 전화해 볼 수도 없잖아요. 웃긴 거잖아요, 그렇잖아. 제가 전화해 가지고 [사고가 날 거라고 미리 이야기하는 것은] 웃기잖아요.

　　그래서 내가 생각해 봤을 때, 그래서 자제하고 기도하고 있었을 뿐인데 '아마도 계획적이었지 않나' 저는 그런 생각을 하는 거죠. 그래서 진상 규명을 계속해야 된다 이거는 분명히, 저는 그렇게 보는 거죠. 만약에 그렇지 않았, 계획적이지 않았으면 하나님이 이렇게 노골적으로 알려주지는 않았죠. 늘 주님을 의지하고 사는 사람인데, 거기다 이렇게 기도하면서 영감을 받고 하는 사람인데.

전 그거를 진상 규명 하면서 좀 드러내기도 할 거예요, 계획적이지 않았느냐 [하는 점에 대해서요].

그런데 그거를 알, 그거를 제가 영적으로 느끼고 있고 품고 있는데, 택시 타고 오는데 택시 아저씨가 그 얘기를 하더라구요. 국정원 직원인가, 택시를 탔는데 "계획적이었다" 얘기를 해줬다 그러더라구요. 그래서 저도 그거는 이제 감안하고 있어요. 여러 가지 설도 있었죠, 계획적이란 말도 있었고… 초창기에. "일부러 그러지 않았냐, 보험금 타려고 그러지 않았느냐, 배가 오래돼서 옛날에도 그런 사건이 한 번 있었다는데…" 그런 말도 동생을 통해서 인터넷에[서] 보고 알려주더라고요. 근데 그때 언급을 하지는 않았는데 지금은 진상 규명을 해야 되니까 깊이 들어가는 거예요. 내가 영적으로 받은 것도 있고 하니까 더 캐보려고. 〈비공개〉

우리 시형님도 처음엔 이해가 안 된다고 하더라고. 그 큰 배가 아무리 복원성이 없더래도 그렇게 넘어질 배는 아니래요. 자기가 이해가 안 된대요. 그래서 내가 꿈 얘기를 해줬더니 이해가 된대요, 인제서야. "그거는 뭔가 부딪혀서 물이 들어갔다든가 해서 이렇게 되는 거지, 아무리 복원성이 저기 해도[저하되었어도] 그렇게 순식간에 넘어가는 배는 아니다"고 얘기하더라고요. 그래서 반드시 전문가에게 이거를[검증을] 받아야 된다고, 배가 인양이 되면 전문가들은 다 안다고 [하더라고요]. 근데 그거를 인멸, 막 구멍 뚫어가지고 빼버리는 바람에 그게 가능할지는 모르겠지만 계속 기도는 하고 있어요.

면담자　　　　진도에서 요한이를 만나기까지 좀 오랜 시간이 있잖아요. 진도에 가시는 과정에서부터 가서서 처음에 보셨던 장면 등에 대해서 자세히 듣고 싶은데요. 특히 어머님은 동생분이 목포에 계셔서 먼저 팽목에 가보신 거죠?

요한 엄마　　　가봤자 아무 조치도 안 하고, 구조한다는 거[는] 다 거짓말이야.

면담자　　　　네. 어머님은 미리 불안한 게 있으신 상태고 '올 것이 왔구나' 그런 상태셨잖아요?

요한 엄마　　　불안함. 불안했었는데 정말로 사고가 났구나.

면담자　　　　그래서 어머님은 다른 분들이랑 진도에서의 경험과 생각이 조금 다를 것 같아요. 진도에 가시는 과정부터 도착하신 거, 그리고 요한이 만나기까지를 기억나시는 대로 이야기해 주시겠어요?

요한 엄마　　　갔는데 우왕좌왕이죠. 왜냐면 우리 유가족들이 그때 당시에 '이게 뭐야, 우리 오라고 해놓고 이게 뭐야. 아무것도 안 했잖아, 누가 주최하지도 않고 뭐 하지도 않고' [하고 생각하고 있었어요]. 근데 그 머리 벗겨지신 분이신데, 그분이 바다의 일을 많이 몇십 년 하셨던 분이라고, 그분이 주도적으로 일을 처리를 하시더라고.

면담자　　　　피해자 가족분이었나요?

요한 엄마　　　그러니까는 통솔을 하는데, 그 뭐죠? 구체적으로 "어떻게 하겠다" 이거보다도 그냥 앞에[서] 마이크 들고 계시고 이러고. 김문수라든가 이제 뭐야 우리 거… 박 의원님, 박순자 의원님 [국회의원, 단원을]도 오시고 또 그렇게 오셔가지고 막 처리를 하려고 하는데 어떻게 자기네들이 할 수가 없는 거야. 이게 어마어마한 사건이라, 어마어마한 사건이잖아요. 구조를 안 한 그런 상황이기 때문에.

그리고 우리는 갈 때 다 살아 있을 거라고 생각을 한 거예요. 구조됐단 말이 믿겨지진 않지만, [배가] 이렇게 넘어졌기 때문에 침몰이 안 된 상태에서 우리가 내려갔잖아요, 그러니까 '애들이 살 수 있을 것이야. 그리고 큰 배니까 공간도 분명히 있을 것이야. 아무리 여기가 꼬리만 나와 있다고 할지라도 살아 있을 것이야. 왜냐면 어느 정도 공간에 좀 뭔가가 숨 쉴 수 있는 곳도 있을 것이야'라고 생각을 하고 구조될 것이란 마음으로 갔는데, 구조를 그렇게 영 안 하고 있으니까, 다 터뜨린 거죠, 난리가 난 거죠. 난리가 나, 난리 나…. 적어도 3일까지는 거의 다 살아 있다고 본 사람들도 많이 있을 거예요, 3일은.

면담자   어머님 같은 경우는 어떠셨나요?

요한 엄마   저는 10일. 믿으니까, 하나님 믿는 사람이니까 10일 동안은 나는 '요한이는 살아 있을 것이다'[고 생각했어요]. 왜? 나는 하나님을 믿기 때문에 하나님의 도와주심으로 요한이뿐이 아니라 물론 다른 사람도 있을 수 있겠죠. 하지만 가장 중요한 건 다 내 아이잖아요, 내 아이. 왜냐면 다 개인적이기 때문에, 애가 살았냐 죽었냐니까, 완전 기로에 있었는데, 물론 다른 사람들도 다 살아 있기를 바라겠죠.

그치만 구체적으로 기도한 건 내 아이만 붙잡고 있었고, 또 더 나아가서는 이 불협화음 속에서 잘 융합이 돼서 이 문제를 해결하기를 바라는, 믿는 자의 그러한 위치죠[생각이자 바람이었죠]. 사회적으로 이렇게 잘, 정부하고 우리하고 싸우지 않고 잘 일처리를 해서 애들을 살리려는, 살리고 살은 애는 빨리빨리 구조하고 협상이 잘되기를 바랬는데, [전혀 그렇게 되지를 않아서] 그게 굉장히 트라우마가 많았죠. 난리가 났었죠, 한 며칠 동안은, 저도 [가만히] 앉아 있을 수가 없을 정도로. 오직 기도만 하고 살 수밖에 없을 정도로…. 제가 가서 싸우겠어요, 뭐 하겠어요. 믿는 자가 기도하라고 하나님의 음성이 있는데 내가 뭐 싸우러 나왔나…. 말은 하겠지만 싸울 순 없잖아요, 믿는 사람이….

그래서 계속 기도하고 기도했는데, 다른 사람… 나는 그렇게 살아 있을 것이라 생각하고 한 10일 정도를 기도를 하고 있었고, 나머지는 요한이를 제쳐놓고 나머지 사람을 관리를 하는 거예요. 그러니까 제가 가서 돌보지는 못 해도 기도로… 기도로 이들이 화합하고 어떻게든지 잘하고 그래서 이렇게, 그런 거를 요한이를 제쳐놓고 [하게 됐어요]. 요한이 생각은 그것만 해[했어요], '요한이는 살아 있을 거야'라고 생각을 하고, 죽었다고 생각을 안 하고, 그렇게 하고 왜 [사람들은] 애들을 그런[수습하는] 거에[만] 치중하고[치중

하나 생각하면서 저는] "주여 함께해 주세요, 도와주세요" 이런 것들만 더 심해[집중해서 기도했어요]. 그러니까는 믿는 자는 믿는 자예요, 세상에….

그래서 나중에 보니까 미안한 거야. 왜 미안했냐면은… 4반이 식구가 들어왔는데 많이 왔더라구요. 며칠 돼가지고 왔는데, 15일인가… 10일 돼선가 왔는데, 그때쯤에[도] 제가 [요한이는] 살아 있을 것이라고 생각을 해[했었는데], 그때쯤까지도 저기 뭐야, 이게 수습이 되고 애들 찾고 있는 데[팽목항 안치소에] 많이 나갔는데, 이쪽은 근데 사람이 많이 빌지도 모르고, 근데 엄청 비었더라고요. 그래서 앉아놓고 이렇게 있는데 "어서 오시라"고 그래서 앉아 있는데, 유가족들하고 우리는 이제 실종자들이죠. 이렇게 앉아 있는데 누가 어렵게 말을 꺼내는 거예요.

"요한이만 4반에서 안 나왔다는데" 그러는 거예요. 깜짝 놀래가지고 "네?" 그러니까 요한이만 4반에서 안 나왔다는 거예요. '이게 뭐야?' 그러고 눈을 딱 떠보니까 내 아들이[을] 신경을 안 쓴 거예요, 제 아들을. 다른 사람만 더 신경 쓴 거야. 그러니까 미안한 거야, 내가. 세상에 내 아들 신경 안 쓰고 다른 사람들 신경 쓰고, 미안한 거야. 그래서 내가 '미안해 요한아, 요한아 미안하구나' 이래 갖고 눈을 떠서 이렇게 보니까, 그 말을 듣고 나서 사람들이 다 (고개를 숙이며) 이러고 있는 거야. 그때는 [아이를] 찾아가면서 [남아 있는 사람들에게] 미안하다고 했거든요. 죄송하다고, 내가 먼저 찾아가서.

요한 엄마 김금자

그때도 나는 희망이 있었던 게 요한이는 살아 있으니까 걱정하지 말라는 그런 뜻이었죠. 그러고 가서 이렇게 한 게 미안하면서 '그럼 이제는 구체적으로 요한이에 대해서 기도를 해야 되겠구나'라고 하면서 동생이 봉고차가 있으니까, 교회 차가 있으니까 '나 기도 좀 해야 되겠다. 이 속이 너무 이렇게 쌓여가지고, 주님과 풀어야 되겠다'라는 마음을 가지고 가서 요한이에 대해서 깊이 기도를 했어요.

하나님과 기도를 하는데, 개인적인 일이라 구체적으로는 말하기가 조금 어려울 수도 있어요. 잘 얘기를 안 하는데 제가… 근데 요한이는 제가 그거는 얘기는 했어요…. "하나님, 이때까지는 이렇게 행복하게 살았었고, 요한이는 그래서 항상 기뻤거든요". 요한이는 항상 스마일이에요. 항상 웃고 스마일이고, 엄마 보면 씩 웃어주고 너무너무 이쁜 앤데. "이때까지는 내가 요한이를 [살아 있다고] 주장했을지 몰라도 이제는 제 욕심을 버리겠습니다. 요한이가 저 마음으로는 남은 돈 줘서 뭐 어쩐다고 하지만 돈보다도 더 귀한 게 나는 요한입니다. 요한이를 살려주세요". 처음에 기도를 그렇게 들어간 거예요, 그때까지는 애가 살았을 거라 생각했으니까. 기도를 하면서 "살려주세요. 저 돈보다도 요한이 사랑해요. 난 요한이가 더 좋아요. 요한이[를] 살려주세요".

근데 하나님이 가만히 있는 거예요. 이게 뭐냐는 거죠, "하나님, 뭐예요?" 더 깊이 저한테 기도를 [하고] 오라는 거예요. 이게 뭔가 했더니 저거예요, 요한이를 내 손에서 놓는 거예요. 내 권한이 없는 거예요, 이제 생사기로에서 생사의 기로점에서. 이때까지는 내가 요한이, 요한이 하면서 키웠잖아요. 애지중지하면서 키웠는데 이제 그거를 [내려]놓고 주님을 바라봐야 돼요. 주님이 보시기에 요한이가[를] 생각했을 때 그 자리에서 살려줄 수도 있고 요한이를 데려갈 수도 있는 입장이에요, 여기서.

하나님이 어떻게 막, 간증들이 있잖아요, 그[배] 속에서 살려줬다, 뭐 이런 이야기들. A가 그 얘기를 하더라고요, "요한이는 하나님 믿는 사람인데 왜 죽었을까?" 보통 간증 들으면 그 속에서도 살려준 게 하나님의 사람들인 경우가 많잖아요. "새벽기도를 했는데 그 시간에 남들은 다 죽었는데 하나님 믿어서 살았다" 이런 간증들. 그런데 자기가 조금 의문이 안 풀린다고 그 책자[『다시 봄이 올 거예요』(창비)]에 나와 있더라고요. 걔를 아직도 못 만났어요. 걔 만나고 싶은데 걔가 힘들어했대요. 그래서 "언제든지 좀 왔으면 쓰겠다" 했는데 근데도 전화[가] 안 와요.

그래서 주님이 가만히 나를 보고 계시더라고요. 그래서 더 기도를 들어갔는데 내 권한이 없는 거야. "그러면 제 생각을 버릴게요. 제가 요한이를 이제는 주장 안 할게요. 저는 살았음 좋겠어요, 제 생각은. 어떻게 할까요? 나의 것을 버리게 해달라"고. 왜 그런 얘기까지 했냐면 죽은 자도 살리신 하나님이거든요. 요한이가 찾아왔을 때도 죽었다 할지라도 살릴 수가 있어요, 믿음의 기도로. 저는 그것까지 생각을 했어요. 만약에 죽었다면 살려야 돼요, 기도를 해서라도.

요한 엄마 김금자

그런데 그것까지도 다 내려놓고 있는데, 내 주권이 없다는 거예요. 내 주권을 다 내려놓으라는 거예요. 네 생각을 모두 다 내려놓고 주님하고 요한이한테 권한을 줘야 된다는 그런 마음이라서, 이때까지 살았다고 생각하는 건 나의 믿음이고 나의 소망인데, 이미 죽었을 수도 있잖아요. 이미 죽을 수도 있었고 그다음에 살아왔어도 살릴 수도 있는 그러한 믿음까지도 가지고 있었고. '하나님은 내 기도를 들어주셔서 살릴 수도 있다'라는 그런 것까지도 가지고 있었기 때문에 그렇게 했었는데, 하나님이 더 나를 내려다보고 계시는 거예요. '뭐를 원하실까, 뭐가 있을까' 그랬는데 "다 내려놓을게요. 제 욕심, 제 바라는 거 다 내려놓고 이제는 주님만 바라보고 주님이 요한이를 어떻게 생각하시는지, 요한이는 어떻게 생각하는지 그 주권을 다 드릴게요. 저는 제 마음 다 알렸으니까 더 이상은 제 권한이 없는 것 같아요" 하고 했었는데, 더 구체적인 건 이제 개인적인 거라 말씀은 못 드리고….

요한이를 데려갔다는 거예요, 거기에서. 그래서 제 음성을[기도를] 듣고, 찾아도 "예수 이름으로 살아나라" 기도하지 말라는 거예요. 그런 마음을 주시는 거예요. '아, 요한이가 이제 천국에 갔구나'. 그 전에 언니가 며칠 지나가지고 기도를 했는데, 다른 사람들이 다 응답을 받았더라고요. 요한이 천국에 갔다고, 천국 갔다고… 환상을 봤다고, 응답받았다고 [하는데], 이게 내 귀에 하나도 안 들어와, 나의 믿음은 아니야. '요한이는 살 애야, 살 애고 하나님이 살려주시려고 [하고 계셔]'라고 믿고 있는데, 이걸 막 어렵게[그건 어렵다고] 얘기하는 거예요. 어렵게 얘기하는데 나는 그냥 듣고 딱 쳤[쳐냈]어요, 탁 쳤[쳐냈]어. 왜냐면 나의 믿음과 아무런 상관없는 거니까, 내 자식이니까. 하나님이 주신 자식인데, 목회자로 숙명하게 쓰임 받을 애로 지금까지 키워왔는데 '죽을 애가 아니야' 이 생각을 하고 했었는데, 기도 들어가면서 울며불며 애통복통하고 주님께 다 올렸는데…. 그 마음을 하나님이 주시면서 "찾아와도 살리지 말아라" 이제 그러고 온 거야. 데려가신다는 거야, 주님이.

그러니까 끝까지 인격적인 하나님이에요. 왜냐면 다른 사람들은 안 믿으니까, 모르니까 그 [인격적인] 관계를 못 가겠지만 저는 하나님에 대해서 알잖아요. 주님과 함께하고 있었고 하나님은 항상 나의 기도를 들어주셨고 교통하신 분이지, 이렇게 주장하는 자세로 기계처럼 쓰는 분이 아니라는 거 알잖아요. 그래서 이제 내 주권, 내 얘기했지만 주님의 음성을 다시 귀 기울여야 돼, '주님이 뭘 원하시나'. 그런 마음을 주신 다음에 그러면 '제가 포기할게요. 요한이 데려가신다고요? 네, 알았어요'. 살리지 마라는 거예요, 나와도. '네, 알았어요' 그렇게 하고. [그런데] 애가 죽은 애 같지 않은 거예요 그때까지도, 죽은 애 같지가 않아.

그래서 제가 하나님께 기도를 받은 거를 목사님하고 바빠 가지고 얘기를 못 했어요. 충분히 그때까지도 요한이 와서 장례 치를 때까지도 얘기를 안 했어요. 지금도 얘기 안 했어요, 지금도. 왜냐면 목사님[은] 그런 마음의 자세도 안 돼 있고, 진상 규명 때문에 신경도 안 쓰고 있고, 제가 또 말할 수 있는 그런 배경이 안 돼서….

말은 다른 사람들한테는 이렇게 조금씩 얘기하는데 여기는 지금 노골적으로 거의 80프로 얘기를 하고 있는데….

그래서 제가 마음을 가다듬고, 저는 주님이 하라 그러면 하거든요. 주님이 "그래야 된다" 그러면 "네" 그럴 사람이라, 딱 끝나고 돌아와서 마음이 차분해진 거죠. 왜? 이미 결정을 다 봤기 때문에. "알았습니다. 요한이가 정말 오라고, 하나님이 오라고 하시고 그렇다면은 끝까지 안 막겠습니다". 왜냐면 요한이가 원하고 하나님이 원하신다면, "어떤 길이든지, 살든지 죽이든지 뭐 그런, 내가 주장하는 자세랑 다를 수 있겠습니다" 하고 했는데, 참참해지면서[마음이 안정되면서] 이제는 10일이 지나고 계속 지나면서 그날이 가니까 요한이를 찾아야 되겠잖아요.

근데 결정을 다 봤으니까. 그 전에는 "살려주세요, 살려주세요, 살았어야 돼요. 살았어도 기도할게요" 이거였는데 다 [내려]놓고 [나니까] 이제 찾아야 되는 거야. 찾은[찾게 해달라고] 기도를 하니까 "4층 좌현 구석에 있다, 요한이가" [하는] 말을 들은 거예요. 엄마 말 때문에 애가 구석에 있었나 봐요, 안 나갈라고. "나가지 말라"고도 했지만 애가, 내 개인적으로 생각에, '나가면 죽는다'고 생각을 했는지, 왜냐면 "가만히 있으라, 가만히 있으라" 하니까 '무슨 대책이 있는가 보다' [하고 생각했을 거 같아요]. 왜냐면 지금까지 부모 말씀 그렇게 순종해 왔고 선생님 말씀 순종해 왔고, '나가면 어떻게 되겠지? 안 되는 거야'라고 생각해서 더 구석에 있었는지도 모르겠어요. 근데 4층 좌현 구석이라고 하나님이 알려주시는 거예요, 5월

5일 날. 내 식구들이 5월 4일 날 [진도에] 왔는데(울음), 잠깐만요.

귀띔을… 왜냐면 궁금해하더라고요 정말, 요한이에 대해서. 왜냐면 요한이를 살려야 되는데…. 그랬더니 제가 그 얘기를 귀띔을 잠깐 한 거야, 있는 대로 이렇게 많이 않고. "하나님이 이러이러해서 그렇게 결정을 한 것 같다"라고 [요한이 아빠한테] 이제 말씀드렸더니(한숨) 수긍. 이제 갔다 와서 한참 있다가 수긍해. 100프로는 말씀 안 드리고 이제 핵심만… 바쁘니까. 이러했었던 것 같고. 왜냐면 하나님이, 목사님은 저에 대해서 아니까 같이 살아봤고 또 하나님의 음성도 잘 듣고 그런 걸 알거든요. 그래서 "그러냐"고 하는데 자기는 "살았었으면 좋겠다"고 그 얘기를 하면서 그러더라고.

그렇게 해가지고 5월 4일 날 주일 예배 드리고 식구들이 올라왔어요, 밤에. 주일날, 5월 4일 날 올라와 가지고, 저는 배를 타러 가지 않는 이유 중에 하나가, 동생도 못 가게 해 "누나 가지 마, 누나 가지 마" 그러더라고. 제 마음속에 제가 가면 사탄이가 우리 요한이도 저기 했는데 저도 막 밀어버릴 것 같애. 유가족도 힘든 상태잖아. 그래 갖고 무슨 일 있어 갖고 막 밀어버릴 것 같애. 나도 가면 죽을 것 같애. "엄마[도], 사탄이 밥이 될 것 같애" 그래 가지고, 요한이까지 저기 하더니 우리까지, 나까지 그러나 싶어 가지고 못 가겠는 거야. 마음속에 가면 안 된다는, 그래서 안 갔었어요. 그래가 안 가가지고, 왜냐면 주의 일을 해야 되는데 요한이까지 뺏기고 또 나까지 이렇게 하면은 하나님이 보시기에 이게 손해다, 큰일이다 해가지고 안 갔었는데.

면담자　　　그러면 5월 4일에 안산에 올라오셨던 거예요?

요한 엄마　　아니죠. 5월 6일 날 나왔죠. 네, 안산엔 5월 6일 날 왔고, 그래서 그때 그래서 안 갔는데 5월 4일 날 [식구들이] 오셔가지고 5월 5일 날, 날씨가 무척 좋았어요.

면담자　　　배 타러 안 나가셨다는 말씀이시죠?

요한 엄마　　네. 안 나갔는데 식구들이 이렇게 왔는데 여섯 명 정도가, 두 사람이 너무 지쳐가지고 링게루[링거] 맞고 했고, 그 두 분 놔두고 목사님[은], 내가 수시로 거기 있어도 목사님은 왔다 갔다 배 타고 왔다 갔다 했어요, 거기서 계속. 팽목에 거의 살다시피 하고, 나는….

면담자　　　어머님은 어디에 계셨어요?

요한 엄마　　나는 체육관에서 주저앉아서 계속 기도하고 거기에 있었던 거죠. 그렇게 했는데 목사님한테는 이런 말씀이 왔다고 하더라고요. "요한이, 요한이" 하니까 다른 사람 위로하게 늦게 내보내겠다고 [하나님이] 그랬어요[그랬대요]. 그랬더니 "하나님, 나 그 믿음 안 된다"고 "요한이 빨리 찾아주라고" 막 그랬대나, "그 믿음 안 돼요" 그랬더니…. 목사님[은] 제일로 나중에 보낸다고 그런 줄 안 거예요. 그런데 알고 보니까 4반에서 제일로 나중이라는 거예요. "사람들 다 위로해, 너 다 위로해, 사람들 위로해야 된다"고 그래서 늦게 보내겠다고 했더니 나중에 결과를 보니까 4반에서 제일

늦게 보낸다는 거예요.

그래서 그걸로 결정이 됐거든요. 그래 가지고 목사님[이] 플랜카드 들고 이렇게 하고 다녔잖아, 울면서, 요한이 안 나온다고… 울면서. 근데 저는 앉아 있지만 기도를 더 깊이, 목사님도 깊이 할 때도 있지만 저는 활동하는 사람보다는 집에서[진도체육관 안에] 있으니까 더 깊이 들어갈 수가 있죠. 그래 가지고[뭔가 느낌이 있어서] "가자" 그래서 갔는데 날씨가 너무 더운 거예요. 그래 갖고 "일단 상황실에 들어가자" 그래서 내 식구들이 우르르 여섯 명이 들어간 거예요, 제부하고 형부하고 언니들하고. 그렇게 하고 들어갔는데, 우리 요한이를 얘기하니까 다 알고 있다고, 표지를 보니까 4반 요한이만 안 나왔다는 거예요.

그래서 제가 거기서 말씀드렸어요. "우리 요한이는 하나님이 그러시는데 4층 좌현 구석에 있다고 한다. 구석에서 못 찾은 이유는 가운데만 보니까, 이게 물건들이 덮으니까 그 사람이 없는 줄 아는데 이걸 제쳐라. 4층 좌현이다, 분명히. 제치고 그 바닥을 봐라, 바닥을. 그 바닥을 보고 해야지, 바닥이겠지라고 보면은 애가 [를] 못 찾으니까, 늘씬한 애라. 끼이단하거든요[날씬하고 길거든요]. 애가 푹 [바닥에] 붙어 있으면은 못 보니까 바닥을 확인을 하고 저 수색작업을 해라. 우리 요한이 거기 있다고 한다" [했더니] "알았다"고 [하더라고요]. "그런 말 해주면 거기를 치중을 해서 본다"고 그러더라고, "부모들이 얘기하면".

그래서 "알았다"고 그러면서 '배를 탔으면' 하는 마음이 생기는 거예요, 갑자기 거기서. "배를 타면 안 되냐"고 "인원이 벌써 여섯 명이 되니까", 그러시라고. 참 고맙더라고요. 원래는 계약 없이 이렇게 하지를 않거든요. 근데 "해경 배 부르겠다"고 그러더니 "잠깐 기다리라"고 그래서 "날씨 혹시 추울지 모르니까 옷들 좀 따뜻하게 입고 하라"고. 자원봉사자 다 있잖아요, 신발도 있고 그래 가지고 신발도 운동화로 해가지고, 그 운동화 어디 갔는가 모르겠는데, 막 다 이렇게 완전무장을 했어요. 먹을 거랑 챙겨가지고, 해가지고 갔는데 너무너무 잔잔하고 날씨가 좋은 거예요.

그래 가지고 보통 10미터 떨어진 데 [이상까지는 안 갔다고 하더라고요] 아무리 가까워도. 근데 우리는 여기까지 가가지고 그[바지선] 위에까지 올라간 거예요. 사실 처음이라는 거예요, 사람이 이렇게 올라오기란. 날씨가 [좋아서] 바지선에 올라갔어요[올라갈 수 있었어요]. 올라가지를 못한대요 아무도, 물살이 세 가지고. 한 10미터까지밖에 안 왔대, 가까이에 와도. 그런데 우리는 접속을 해서 올라가는데, 올라가게 해주더라고요. 그래서 이거 뭐 굉장히 감사한 거죠. 그래서 올라갔더니 높으신 분들도 한 번도 안 가봤다고, 높으신 분 두 분을 붙여주시더라고요. 한 분은 크리스천, 한 분은 천주교 다닌다고 본인들이 얘기하시던데, 내가 가면서도 전도를 하니까.

면담자   정부 측 분이요?

요한 엄마   정부 측에. 네, 정부 측에 있는 분들인데 직접 관여는 안 하시는데 같이 무슨 협력을 하고 있는 분인가 봐요. 크리스천이고 얘기를 하니 천주교라고 그렇게 얘기를 하시더라고요. 그러시냐고 그랬더니, 저는 통성기도를 하고 소리도 지르고 싶은데 이 사람들한테 피해 줄까 봐. 우리는 나보다도, 저 같은 경우는 남을 먼저 좀 생각해. '남들이 어떻게 생각할까'를 생각을 하거든요. 그래서 '저 사람들이 저 소리 지른다고 싫어하지 않을까' 싶어 가지고 가만히 이렇게 고개 숙이고 있는데, 크리스찬 그분이 "통성기도 하시고 요한이 부르라"고 그러시더라고요. 너무 고마운 거예요, 승낙을 해주니까. "그래도 되냐"고 그러니까 그러래요.

그래서 같이 통성기도하고 요한이한테 막 부르면서 "요한아" 부르면서 "내가 배 못 타고 지금까지 너한테 안 온 거는 내가 너한테 오면은 나도 밀어버릴 것 같아서, 사탄이 나를 밀어버려서 엄마도 죽을 것 같아서 내가 지금까지 못 탔다. 미안하다. 나는 나까지 죽으면 안 되지 않느냐. 그래서 엄마가 그랬어. 미안해" 그러면서 "요한아, 요한아" 하고 그러면서 우니까 소리가 너무 크니까 사람들이….

1시 전이었어요. 1시 되면은 물살이 돼가지고 작업을 해야 된대요. 그래서 여기 잠수부들이라고 인사를 시켜주더라고요. 그래서 "안녕하시냐"고, "잘 부탁한다"고 그랬더니 세네 분이 운동을 하고, 30대 정도 보이더라고, 그렇게 [체격이] 짱짱하더라고. 그래서 마음이 너무 기쁜 거예요, 너무 좋은 거예요.

면담자   보시기에 든든하니까요?

요한 엄마 어, 운동하고 있어서. 인사하고 그래서 "우리 요한이 좀 잘 부탁한다"고 이렇게 하고 내려왔는데 한 30분인가 35분에, 1시 35분엔가. 1시간 걸린대요, 그렇게 오는 게. 그런데 누구를 찾았대요. 찾았는데 제가 감이 우리 요한이 같은 거예요, 감이. 요한이 같은데 옷이 틀렸던가, 뭔가 틀렸어요. 틀려서 이렇게 있다가 저녁에 또 한 번 가자고, 만약에 없으면은 안 왔으면은 저녁에 갈 테니까 가서 쉬셨다 오라고 또 그분이 그렇게 친절하게 얘기를 해 주시더라고.

그래서 와서 봤는데 나는 카키색으로 알고 있는데 녹색이라고 써놓은 게 저는 이게 매치가 안 된 거예요. 카키색인데 왜 녹색이라 했을까? 근데 녹색이나 카키색이나 비슷하잖아요. 근데 그걸 모르고 다른 건 다 맞는데 옷이 틀린 거예요. 없는 옷을 입고 있을 수도 있다고 하는데 그게 나한텐 안 온 거야, 요한이는 그럴 애도 아니고 깔끔한 애라, 자기 것만 입는 그런 애라. '그러진 않았을 것인데?' 그러고 '이상하다, 이상하다' 했는데, 그렇게 하고 5일 날 찾았잖아요. 1시 반에 45분에 찾았는데 "아니다"고, 목사님도 "아니다"고.

그런데 내가 학교를 요한이 때문에 종종 갔거든요. 가면은 애들이 머리가 다 길어. 근데 요한이도 길다 보니까, 곱슬이니까 이렇게 돌아가, 이렇게. 그래 가지고 아무리 생각해 봐도 "엄마, 나 머리 좀 잘라야 되겠"대. 그래 가지고 머리를 자르는데 1.5센치미터 정도 돼요, 그래 가지고.

면담자 짧게 잘랐었네요.

요한 엄마　　　짧게 잘랐는데, '다 긴 머린데 짧은 머리 나오면 요한 이다. 원래 애들 유행이 긴 머린데 짧은 머리 나왔다 하면은 이건 요한이다'라고 생각을 하고 있었거든. 우리 목사님한테도 "짧은 머리는 우리 요한이에요, 여보" 이렇게 얘기를 했었거든요. 근데 짧은 머린데 옷만 틀려서 내가 가만있었어요. 근데 그날 아침에.

면담자　　　다음 날 아침에요?

요한 엄마　　　아니. 5일 날 아침에 무슨 일이 있었냐면은, 그 전에는 내가 ○○이를 못 오게 했어요. "오고 싶어도 너 오지 마. 여기 상황이 보통 상황이야? 아가씨들도 있어도, 또 있어서도 안 되는 자리고 너도 오면 안 돼. 가슴 아파서 상처받아서 안 돼. 여기는 있을 곳이 아니야". 우리 조카도 오겠다는데 보냈어요. "가라, 여기 있으면 넌 안 돼". 제가 영적으로 기도하면 되니까 애들까지 상처 줄 수 없잖아요. 그래서 "가라, 다 가라" 그리고 언니들은 괜찮지, 형부들하고는 하룻밤 자도.

면담자　　　어머님의 언니들이요?

요한 엄마　　　네. 언니하고 동생들은 다 아줌마들이니까 세상을 살았던 사람들이라 괜찮은데, 어린애들이니까 상처받으면 안 된다 해서 다 "내려가라, 네 마음은 알겠다만 내려가라" 그렇게 하고 보통 딸도 못 오게 했어요. 근데 그날 아침에 일곱, 새벽 몇 신가 됐을까요? 새벽 몇 시, 5시 몇 분 얼만가, 기도를 하고 이렇게 있는데 요한이가 그러는 거예요. "엄마, 왜 남들은 오는데 ○○이는 한 번도 안 와?" 그러는 거예요, 마음으로. "그래? 니가 보고 싶구나, 그래 알았어". ○○이한테 전화했는데 친구들이 위로해 준다고 엄마들이 뭐 사주고 같이 밥 먹고 자고 그런다는 거예요. 그래서 "어머니, 빨리 깨워서 7시에 보내세요. 7시 차, 첫차 태워서 보내세요". 근데 새벽 몇 시에 와가지고 못 일어난다는 거야. 그래서 7시 차로 못 보내고 나중에 전화해 보니까, 왔으면 같이 배 타고 갔을 수도 있는데 시간은, 안 돼, 어차피 안 됐구나. 근데 2시 차를 태워서 보냈다는 거예요.

면담자　　아까 그 배 타셨다는 날짜에요?

요한 엄마　어, 나는 타가지고 이제 왔는데.

면담자　　그날 아침에 이미 생각이 드셨네요.

요한 엄마　어, 새벽에 그런 마음이 왔어요. "○○이 좀 엄마 보고 싶다고 왜 안 오냐"고, 그래서 요한이한테[요한이가] 처음 나한테 그런 말을 준 거예요. "그래, 알았어. 네가 ○○이 보고 싶었고 서운했구나. 알았어". 그래서 전화했는데 자고 있다는 거야. 7시에 못 보내고 2시 배, 2시 차[기차]로 보낸 거예요. 2시 차로 보내면 7시 넘어선가 오거든요. 〈비공개〉

　개[요한이]가 중심을 잡아주고, 할머니든 우리든 ○○이든 중심 잡고 이렇게 있었던 애거든요. 나는 맨날 나가고 아빠도 나가고 ○○이는 밑에 있고 어머니는 또 저기 뭐야, 저기 계시고 하다 보니까 그 쉽게 살 저기는 아니야, 줏대를[중심을] 개가 잡아줬거든.

○○이가 알고 아빠도 알고 저도 알고. 어머니도 뭐 걔가 어떤 애라는 걸 다 알죠. 주위 사람들도 와서 다 ○○이… 요한이 칭찬하고 그렇게 하고 갔다고 그 얘기를 하시더라고요.

그래서 어머니가 막 울고불고 난리가 났죠. 너무나 이쁜 애를 갖다 그렇게 보내버리니까, 자기가 잘해준 것도 아니고 속상한 거야. 그래 가지고 막 울고불고 눈 수술까지 했어요, 눈물을 너무 많이 흘려서. "내가 네 아버지 죽어서도 이렇게 안 울었다" [하셔서] "요한이가 자기 속이 썩어들어도 어머니 비위 다 맞추고 그랬잖아요" 그랬더니 아무 말씀을 안 하시더라고. 그렇게 자기 자신은 없게 희생만 하고 그렇게 살다 간 앤데 너무너무 그, 나는 그걸 거름으로 삼아서 훌륭한 목회를 하기를 원해서 기도하면서 키웠던 애거든요. 근데 그 빛을 발하지를 못하고 가버렸잖아요.

그러니까 더 저한테는 좀 미안하죠, 엄마로서 좀 미안하고 (한숨) 참 어른으로서 다른 사람 어른으로서 미안한 거고. 정부가 이제 그걸 느껴서 돌이켜야 되는데… 왜 애들이 그렇게 죽을 수밖에 없었는지. 그래서 요한, ○○이를 2시 차 타고 왔는데, 애가 그래도 중학생이라고 짱짱하게 [실수 없이 똑똑하게] 착 혼자 전화 한 통 안 하고 찾아왔더라고. '○○이가 진짜 ○○인가?' 하고 쳐다봤더니 진짜 ○○인 거예요.

면담자   동생이 보고 나서 요한이를 확인하셨나요?

요한 엄마   네. [요한이가] 왔는데 아빠는 아니라고, 가슴이 막 설

렌 건지 어쩐 건지 아니라고 하는데, 내가 "긴[맞는] 것 같다"고 [해도] 목사님이 아니라고 그러면서 "DNA [검사 결과] 기다려보자"고 그러더라고요. 〈비공개〉

면담자 동생이 인적사항 쓰어 있는 것을 봤나 보죠?

요한 엄마 자기가 학교 간 걸 다 봤고 오빠 옷이 뭔지, 신발이 뭔지도 다 아니까 [인적사항 써 있는 걸 보고] 주저앉아 버린 거야. "오빠" [하고] 막 우니까 더 이상 아빠가 말을 못 하는 거야. 딸이 말하면 아빠도 꼼짝 못 하잖아요. 그래 가지고 이제 [요한이 수습된 데] 가서 본 거예요. 보자고 해서 이제 봤는데, 나는 목사님[이] 못 보게 [했어요]. 내가 좀 여려, 신앙 땜에 강하지. 원래 마음이, 엄마 아버지가 착한 분이라 굉장히 그 자식들 중에도 여린 사람이야. 여렸는데 신앙적으로 가장 강한 사람이 돼버린 거지. "주님 강하게 해달라"고 해서 기도해서.

그래서 목사님이 그 속성을 아니까, 못 보게 하고 무슨 말[을] 해도 당신은 보면 안 된다고 그러니까 또 저는 막 생각이 나고 그래요, 뭘 보면. 그러니까는 잘 안 볼라 그래. 원래 원초적인 인간성이 그렇게 돼 있어. 그래 갖고 목사님[이] 먼저 보고, 언니가 어떻게 하다가 열어버린 거예요. 목사님은, 남자는 아무리 저기 해도 보잖아요. 열어버렸는데 그걸 본 거야, [언니가] 요한이를.

내가 요한이를 기도하게, 다른 사람들이 거기 있을 때 사람들이 "애들 얼굴이 형편없다" 그래서 내가 "하나님, 잠자고 일어난 것처럼 애들 좀 고와게[고운 모습이게] 해달라"고 "그런 모습 좀 해달라"고 "애들 좀 좋은 모습으로 나오면 안 되냐"고 이렇게 기도를 했는데 그런 기도는 대답을 해주셨더라고. 다른 사람들도 "잠자고 일어난 것처럼 그렇게 애들이 이쁘고 저기 하다"고, "깨끗하고 그렇다"고. 이런[이렇게] 사람들이 [이야기]하는 거야. '아, 하나님 내 기도를 들어주셨구나'.

그리고 내 아이도, 요한이도 내 얼굴을 봐야 되는데, 내 성격 알잖아요. 내 얼굴을 봐야 되니까 머리끝부터 발끝까지 상하지 않게 해달라고, 내가 얼굴 봐야 된다고 도와달라고. 마지막 모습은 내가 봐야 되고, 걔 고통스럽던 모습은 엄마라서 봐야 된다고. 그렇지만 좀 좋게 나왔으면 좋겠다고, 상하지 않게 좀 해달라고. 이렇게 기도를, 고기가 뜯어먹을 수도 있고 이러잖아요, 그래서 그런 기도를 했는데, 요한이 뭐가 문제였냐면 요한이는 속에서 혈통[핏줄]이 터진 거래요. 혈통[핏줄]이 터져서 이게 피가 다 쏟아져 나왔는데 얼굴에 다 묻은 거야. 얼굴이 빨갰나 봐요. 언니가 얘기해 준 거예요. 목사님은 그런 얘기 안 해요. 언니가 그걸 본 거예요.

목사님은 담대하게 보는데 언니가 "금자가 어디 갔냐" 하면서 나를 보여줘야 되니까, 탁 하면서[열어서] 그걸 보는데 언니가 억장이 무너졌다는 거야, 너무너무. 어떻게 세상에 얼굴이 그렇게 빨갈 수가 있냐면서 그런 얘기를 하는데, 그래서 "목사님, [요한 엄마는] 못 보겠다"[고 했나 봐요] 자기도 힘들어, 언니도 나름대로 강하던 사람이거든요. 근데도 자기도 "힘들다"고 그러더라고. 그래서 "그

랬냐"고, 나는 어떻게 "보면 안 되냐"고 그러니까는 목사님이 "당신
은 나중에 이쁘게 염한 다음에 그때 보라"고 그리고, "그때 봐도 상
관없고[괜찮으니까] 그냥 그때 보라"고.

그랬는데 나와서 [요한 아빠가] "그래도 DNA를 좀 기다려보자"
그러더라고요. "알았다"고, 요한인지는 아니까 저기 한다고 그러는
데, 그래도 DNA 보자고 하니까 내가 밤에 물어봤어요. 밤에 기도
하면서 "목사님, 요한이 맞죠?" 그랬더니 "맞다"고, "맞는데 DNA만
기다리자" 그러더라고. 그래서 목사님 이제 알잖아요. 그러니까는
원래는 24시간 걸려야 되는데 아침에 6시 몇 분엔가, 거의 잠을 안
자잖아요. 거의 20일 동안 잠을 못 자요. 불철주야 누웠다 일어나
고 누웠다 일어나야 되고 이런데, 요한이 DNA 봤다고, 확인했다고
연락이 왔더라고요. 그래서 알았다고 그러고 그날 6일 날, 팽목항
으로 가서 애를 보는 날이에요.

근데 내가 이렇게 가만히 있는데 요한이 얼굴을 만지고 싶은
거예요, 갑자기…. 그래서 "여보, 나 얼굴 만지면 안 돼?" 그랬더니
얼굴 만지면 안 된다고, 뭉그러질 거라고 생각을 하나 보더라고.
"나 얼굴은 만지고 싶은데" 그랬더니 안 된다고 그러더라고. 그래
서 그냥 가만히 마음만 있고 있었는데 요한이가 이렇게 나온 거예
요. 요한이 나온다고 해서 갔는데 세상에 그 구조잔가[잠수사이신
가] 봐요. 눈물이 막 폭풍같이 쏟아져. 나 그런 눈물 처음 봤어요.
잠수부신가 봐요. 눈물을 흘리는데 나도 그렇게, 나는 이렇게 찍
나오거든요. (눈 쪽을 가리키며) 여기가 고여서 강물처럼 흘러내리

는 거야. '세상에, 어쩜 저런 눈물을 흘릴 수가 있을까'. 난 살면서 저런 눈물 보지를 못했어요.

그랬더니 그분이 아마도 그 목사님이셨[나 봐요], 목사님 한 분이 들어가 계시잖아, 잠수부로. 나중에 알게 됐는데, 그분이었었던 것 같애, 내 얼굴 보니까. 그분 애들, 자기 애들 생각하고 더 울고 너무너무 아주, 어떻게 할 수가 없었대요. 자기는 목사라는 걸 벗고 예수 믿는다고만 얘기를 했대요. 그냥 조금 불편할 수도 있고 하잖아요. 그래서 그렇게 해서 있었다고 그러더라고, 아마 그분이었던 것 같애. 그렇게 울더라고. 자기도 아주 그렇게 울고 했다고 간증할 때 어떻게 하다 보니까 거기 나왔어, CBS에서.

면담자　　어머님, 요한이 만났을 때 아이 모습이 어땠나요?

요한 엄마　　요한이가 나왔는데, 요한이가 원래가 1학년 때 64였거든요. 근데 이제 키가 한창 컸죠. 근데 키도 조금 문제였던 게 68에서 74까지 나온 거야. 애가 특대로 나온 거야, 애가. 그래서 그동안 애가 많이 컸었나 봐요. 컸었고 그냥 불어서 그랬는지 68에서 74가 된다 그러는데 애가 이만큼 큰 거야. 그러더니 애가 잘 먹으면 먹을수록 애가 막 크잖아요. 좀 미심쩍었던 게 그것도 하나 있었어요. 진짜 가서 보니까 엄청 크더라고. 그래서 가슴을 이렇게 만지라고 하더라고요. 미라처럼 다 하얗게 해놨는데, 가슴을 이렇게 하면서 "요한아, 요한아" 내가 막 해하고 이러지를 않으니까 그분이 감동이 됐는지 얼굴도 만지라는 거예요. "얼굴도 만져도 돼요?" 그랬더니 된대요. 여기 와서 얼굴을 만지니까 너무 좋은 거예요.

요한이가 입술이 원래 큰데 이 입술보다 두세 배가 더 두꺼운 거야, 얼굴 반절이 여기. 그걸 본 거잖아요, 목사님은. 언니도 이제 그걸 봤고. 이게 터져 나오면서 입술이 찢어진 거래요. 이게 그냥 상처가 아니라 찢어진 거래. 근데 입술이 두꺼운 데다 여기까지 두세 배, 얼굴의 반절이 됐는데. 그래서 요한이 숨결이 느낄 수가 있는 거야, 얼었는데도 요한이 숨결이 느껴지는 거야. 너무 좋은 거야, 요한이를 만졌다는 그 자체, 얼굴을 만졌다는 그 자체가 너무 좋고. 한참 이렇게 만지고 있다가 이제 그만하라고 해가지고, 올라가는데 또 우니까 형부가 자제를 시켰어요.

면담자　　　요한이 만난 다음에 안산으로는 어떻게 가신 거예요?

요한 엄마　　　그다음 날, 그때는 많이 애들이 상했을까 해가지고 헬리콥터로. 헬리콥터 타는 것도 엄청 좋아했어요, 요한이가. 그런데 헬리콥터 타는데 [언니 말이 요한이가] 우리 언니한테 그러더래요. "이모, 재밌지?" 그러면서, 우리는 헬리콥터를 타본 적이 없잖아요. 자기도 타본 적이 없고. 근데 헬리콥터 탔다고 "재밌지, 재밌지" 하는데, 자기는 시끄러운데 헬리콥터 타서 시끄럽다고, (헬리콥터 소리 흉내) 시끄럽더라고요.

근데 애[요한이]가 그런 얘기를 언니한테만 들려줬더라고. 그래서 자기[가 요한이]한테 잘해준 것도 없는데 [하면서] 언니가 더 우는 거예요, "내가 너한테…"[하며], 요한이가 착해 갖고. 좋은 언니야,

큰언니가. 근데 애가 그걸 아는가 봐요. 그래 가지고 언니한테 이렇게 나타난 거예요, 형제들 중에. 그래 가지고 막 "재밌지, 재밌지" 그러고 저기 배 타러 갔을 때도 "이모, 이모" 그러더래 애가. 언니가 막 우는 거예요, 그때도. 그래서 왜 언니가 우는가 했더니 갔다 와서 얘기하더라고요. 요한이가 세상에, 난[자기가] 뭘 잘못 들었나 하고 귀를 막 (잡아당기는 시늉을 하며) 이렇게 했대요. 근데 "이모, 이모" 좋다고, 자기한테 와줬다고 그렇게 좋아하더라는 거예요, 언니가. 그러면서 언니가 눈물을 흘리는 거예요. 〈비공개〉

우리한테는 그런 거 없었었거든요. 그래 가지고 장례를 치르는데 요한이 얼굴을 보여준다고 하더라고요. 보여주는데 그때도 목사님이 못 보게 하는 거예요. 보라고 해놓고도 또 걱정이 되는 모양이야. 그래서 내가 본다고, 본다고 하니까 그 [염하는] 사람한테 뭘 얘기했냐면, 입술 터진 것만 좀 가려달라 그랬나 봐요. 그랬더니 입술만 뭘로 이렇게 천으로 막아놨더라고요. 딱 가서 보는데 요한이가 눈물이 이렇게 고여 있는 거예요, 눈물이. 요한이가 살아 있다는 느낌이 드는 거예요. 이게 요한이가 살아 있는 거야.

면담자　　장례 때 요한이를 다시 보신 거군요. 기도를 많이 하셨겠어요.

요한 엄마　　기도를 내가, 손을 얹고 기도할라고 내가 (손을 약간 들어 올리며) 요만큼 올라갔어요. '요한이를 살려야지' 그러고 올라가려고 하는데, 하나님이 나한테 "너, 나하고 얘기했잖아" 그러는 거예요. 팽목항, 저기 체육관에서 얘기했잖아요. 결부를[하나님하고 약속을] 다 한 거예요, 요한이 안 살리기로. "너한테 내가 다 얘기했 잖아. 기도하면 안 되는 거 알잖아" 그래요. 이렇게 올라갈라고 하 는데 요한이가 눈물 고여서, 엄마 생각 하고 또 너무 운 것 같아. 이게 느낌이 드는 거야. 그래서 딱 손이 올라가는데, 하는데 그 마 음[을] 주면서 뭘 주냐면 썩은 냄새 있죠? 썩은 냄새를 싹 지나가게 하는 거예요. 그러면서 '어? 이게 뭐지?', "네, 알았어요. 제가 그때 하나님과 쇼부 봤죠, 내 욕심 다 버리겠다고. 네, 알았어요" 하고 하니까 그 썩은 냄새가 없는 거예요.

그래서 내가 나중에 다시 찾아가지고 그분한테는 뭘 물었냐면 은 "왜 눈물이 고여 있어요?" 물어본 거예요. 냉동시켰던 앤데, 아 무것도[온몸이 다] 얼었을 것인데. 근데 그분은 "조금 뭐가 흐르지 않았나" 이렇게 얘기를 하더라고요. 어차피 살지 못하는 앤데 그냥 더 이상 말았거든요. 근데 진짜로 내가 보기에는 요한이가 살아서 누워가지고 눈물을 흘린 것 같애. 그런 걸로 느낌을 받았어요. 살 리면 살릴 수 있는 그런 정도까지 왔었고, 그다음에 얼굴은 그대로 예요. 푸릇푸릇하기만 하더라고요. 그런 건 뭐 감안할 수 있는 거 니까. 뭐 죽으면 퍼래지니까 그런 건 괜찮은데 그 앞에 전도사님 은, 가르쳤던 전도사님은 놀래더라고. 그렇게 피부가 하얬는데 애 가 파라니까 깜짝 놀래갖고 저쪽으로 가버리시더라고.

근데 나는 그건 상관없이 요한이가 이목구비 이것만 내가 볼 수만 있었다면 여한이 없는 거예요. 그래도 하나님이 들어주셔서 그래도 그 얼굴 그대로 보고 입술만…. "왜 입술이 탁 이게 됐냐" [하고 남편한테] 그러니까 "내가 가리라고 했다"고 그러더라고. 그래도 그것만 봐도 눈 여기만 봐도 내가 안착을[마음의 안정을] 하는 거야. 요한이 마지막 가는 그 모습을 봤고 고통스러워했던 그 모습을 함께하고 싶었던 거예요. 그것만 이제 보고 지나갔고. 〈비공개〉

면담자   장례 이후에는 어떠셨어요? 이사를 하셨다고 이야기를 들었는데.

요한 엄마   제가 왜 이사를 하게 됐냐면은 저희 집에 갔는데 요한이가 그때 당시에 옷 입고 싶은 게 많아서 새 걸로 다 사줬었어요. 얼마 전에 사줘서 옷을 딱딱 [정리]해가지고 쭉쭉 [걸어]놨는데, 들어갔는데 눈물이 주루룩 하염없이 내리는 걸 목사님이 본 거예요. 그래서 당장 이사 가자고, 안 되겠다고. 거기서 그러고 또 계속 누워만 있는 거예요. 식욕도 없고 뭣도 없고.

요한이가 나의 삶의 거의 70프로? 70프로고. 남편이 있었지만 난 요한이를, 목사님은 한창 커버려 가지고 만나서, 주의 일 하는 게 좀 더 연장돼야 되고 있지만, 요한이는 어렸을 때부터 그거를[하나님을 섬기도록] 다 시켜버린 거잖아요. 바로 주의 일을 할 수 있도록 그거를 시켜버린 게 그마만큼 내가 요한이한테 바라는 것들이 있었다는 거예요. 그것 때문에 안고[마음에 지니고] 있는 나의 그 삶의 한 70프로가 요한이었어요, 알고 보니까. 요한이 간 다음에 보니까 그렇더라고요. 그 전에는 그냥 더불어 산다고 생각을 했는데,

가니까 사람이 맥이 없으니까 아무 일을 못 하겠는 거야. 손에 잡히지도 않고 할 수도 없고 누워만 있는 거야, 이렇게 누워만.

들어와서 울음 때문에 집을 "이사 가자" 해가지고 목사님하고 "집을 봅시다" 해서 교회 가까운 데 보니까 이 집이 딱 걸린 거예요. 그래서 목사님이 원래는 어디 가면 생전 집[이] 마음에 든다는 얘기 아직까지도 없었어요. 옛날도 이사 다니면서 집 마음에 든다는 소리가 없어. 여기는 딱 가더니 "마음에 든다"고 그러시더라고. 그래서 "그래요? 당신이 마음에 든다 하기 어려운데, [그렇다면] 됐다"고… 그러면서 저도 가서 [보니까] 마음에 들어. 제가 기도했던 거 뭐, 그것이 다 요한이랑 같이 기도했던 그런 집이더라고요.

그래서 계약을 하고 이사를 가기 3일 전인가, 며칠 전에 제가 혼자 집을 다시 한번 돌아봤어요. 이렇게 돌아보니까[보면서] 제가 그랬어요. 요한이한테 웃으며, 울면서 속으로 '요한아, 너랑 가서 같이 살 집이었는데…' 그리고 말로 한 것도 아닌데 속으로만 그랬어요. '너랑 같이 살 집인데…' 하고 속으로만 했는데, 요한이가 화장실에서 딱 나타나는 거예요. 그러니까 사람이 아니고 그 '장화홍련' 봤죠? '장화홍련' 알아요? 모르는가요? 옛날에 우리 초등학교 때 〈전설의 고향〉이라고 무서운 영화예요. 한이 있어서 맨날 고을 제일 높은 사람한테 밤만 되면 나타나는 거야, 두 사람이. 억울해서 죽었다고 이 원한은 풀어달라고 그렇게 짠 나타난 거거든. 난 그게 드라마인 줄 알았어요. 실질적으로 없는 일인 줄 알았어요. '그냥 무서운 일이야' 생각을 했는데 요한이를 직접 본 거예요.

요한이가 짠하고 나타났는데 이런, 우리 육체적인 이런 게 아니라 형체만, 이렇게 형체만 짠 나타나는데 엄마를 보면서 씩 웃어주는 거예요. 옛날에 웃었던 것처럼 씩 웃으면서 말을 안 하는데, 나한테 말이 오는[마음으로 전해져 오는] 건 뭐냐면 '엄마 마음 알아' 내가 누구한테 말한 것도 아니고 속으로 [느낀 거니까] 하나님만 알죠, 나하고. 왜냐면 마음의 기도와 입술의 기도가 차이가 있는 걸 주님만이 알아요, 다른 사람 몰라도. 속으로 하는 거는 나하고 하나님밖에 모르는 거란 말이에요. 근데 이게 뭔 소리야, 세상에. 그 모든 것이 있을 수 있었던 일이야? 장화홍련이고 뭐고 순간에 막 난리가 난 거예요. '엄마 마음 알아' 하는데, 오는 게 그거였어요, 엄마 마음 안다고.

그러면은 제가 결론을 낸 게, 그러면은 요한이가 이 모든 걸 다 알고 있구나. '다 보고 있구나, 함께하고 있구나' 이걸 안 거예요. '그래, 너는 우리의 삶을 모든 걸 알고 있고, 지금 함께하고 있고, 지켜보고 있구나'. 그냥 있는 게 아니야. 내가 말로 한 것도 아니고 속으로 한 건데 '네가 알아? 그럼 너는 이미 영적 존재에서[로서] 하나님의 그 자리는[에서] 영적 차원에서 우리를 다 보고 있구나' [하는 생각이 들었어요]. 그리고 나서 제가 '음, 알았어' [하고, 요한이를] 바라보면서 하나님하고 너하고 엄마, 아빠, 나. 우리 집은 다섯 명이 사는 거야. 원래 하나님만 있었는데 요한이가 다시 들어온 거예요, 영적으로 같이하는 거야. '너하고 하나님이 함께하고 있는 거야'.

그리고 우리 전체적으로 봤을 때는 우리 아이들, 304명의 사람들도 실제로 같이 지켜보고 있다고 저는 그렇게 생각을 하거든요. 그렇게 해서, 자신이 없고 이렇게[힘이 빠진 상태로] 다니다가, 힘이 생긴 거야. '실질적으로는 없지만 너는 있어, 함께하고 있어. 저기 엄마들이 잘 싸워주기 바라고 이 나라가 잘되기를 바라고 있는 마음으로 우리를 보고 있고 지키고 있고 함께하고 있구나. 하나님과 함께', 그걸 아니까. 그리고 '우리 집안에 너 없다고 생각 안 하고', '[이제] 너 맘대로 왔다 갔다 해. 영적인 존재니까. 아무 때나 왔다 갔다 해'.

근데 목사님이 [요한이] 책을 그렇게 늦게 치웠었어요. 늦게 치웠는데, 큰언니가 와서 도와준다 그러더라고. 그래서 큰언니[를] 오라 [하려] 한다고 했더니 목사님 천천히 치우고 있는데 갑자기 그렇게 빨라진 거예요. "왜 당신 이렇게 빨라졌어?" 그랬더니 요한이가 그러더라는 거야. '아빠, 이거 내 방이야. 빨리 치워' 그러더라는 거야, 그 집에서. 아빠는 자면서 공부만 하지 않잖아요. 방은 안방에 와 자잖아요. 자기 방이라고 그렇게 기도했잖아요. 요한이 방, ○○ 이 방, 엄마 아빠 방, 거실, 부엌 이렇게 기도했는데 자기 방이라고 빨리 치우라는 거야. 쏜살같이 치워갖고 다 치워버린 거야, 언니들 오기 전에.

"당신 웬일이야?" 그랬더니 또 조금 있다가는 쇼파가 밖에 있거든요. 쇼파에서 요한이가 훅 누우드래요[눕더래요]. 누우면서 '아, 편하다' 그러더란 거예요. 나한테는 안 보이더니 목사님한테 [보였나 봐요]. 왜냐면 할머니 집에 살다 보니까 편하게 못 살았어. 근데 자기 집을 놓고 10년이나 같이 기도를 해서 애가 얼마나 갈망했는지 와서 그렇게 누워서 좋다고, 자기 집이라고 그러는 거야.

그래서 '아, 요한이는 없는 존재가 아니라 지금 이 나라를 위해서 같이 싸우고 있는 영적 존재구나' 이제 그걸 안 거예요. 그래서 이제 자부심이 생긴 거야. 그러면서 힘이 생기는 거죠. 아, 우리가 해야 될 일, 아이들이 남겨준, 요즘은 그 집회 때 나오더만, "숙제다", 숙제인 거예요. 아이들이 희생됐으면 그 나머지의 효과가 있어야 될 거 아니야. 왜 희생이 됐는지 이 값어치가 나와야 되잖아요.

근데 다른 사람들은 아까 말씀드렸듯이 남의 일이다 생각을 하고 '돈 탈라고 저러는 거 아니야?' 이렇게 생각하지만, 그게 아니고 중요한 거는 왜 일어났는지 진상 규명 하고, 왜 구조 안 했는지, 이건 다 병폐거든요. 잘못됐기 땜에 일어난 거거든요, 사건도 그렇고 구조하지 않은 거[것도 그렇고]. 결론은 이제 참산데, 이거는 이유가 분명히 있다는 거죠. 이유를 밝혀야, 우리가 존재에 갓 [태어나서 얼마 살지 않은 존재들인], 그 애들이 희생이 될[된] 줄을 알고 그 나머지의 삶을 잘 살아주는 것이 그들이 편안하게 살 수 있는 길인 거죠. 그리고 우리를 위한 길이었다면 우리가 그걸 숙제를 찾아내서 해결하고 살아야 된다는 거죠. 그래서 한 알의 밀알입니다, 한마디로.

그래서 이사를 그렇게 해서 이사를 왔고 요한이를 만났고, 그 다음에 장례 치르면서 아는 사람들이 계속 끊임없이 왔었어요. 굉장히 많이 왔었는데, 목사님들도 많이 오셨고, 근데 잠깐 쉬는 시간에 제가 치우면서 '요한아, 요한아' 속으로 '요한아' 막 그랬어요. 요한이가 그럴 때마다 꼭 나타나요. 뭐 한 사람 똑 나타났는데 "엄마" 그러는 거예요. 그래서 딱 쳐다봤어요. 쳐다보니까 "엄마, 아빠 기도한 거 내가 하나님께 올리는 일 할게" 그러는 거예요.

근데 딱 느낀 게 뭐냐면 애가 10년 동안 자기 집 달라고 했는데 너무 늦은 거야. 늦어서 자기가 그 애절한 마음으로 [아빠의 기도를 하나님께 올리겠다고 한 것 같아요]. 천사들이 원래 올라가는 거예요. 천사들이 기도를 가지고 올라가고 또 가지고 내려오고 이런 일을 천사들이 하는데, 요한이가 그걸 담당해서 하겠다는 거예요, 올리는 일을 한다고. 근데 느끼는 게 뭐냐면 너무 지쳤다는 거죠. 10년 동안 너무 힘들게 기다려서, 자기는 엄마, 아빠 기도를 빨리빨리 올리는 그런 일을 하고 싶었던 모양이야. 그래서 하나님께 그 일을 달라고 한 것 같아, 제가 느낌에. 요한이가 그래서 영적으로 막 교감이 빨리빨리 되잖아. 말해줘서가 아니라 느낌으로 그 일을 하는구나….

근데 그 기도가 응답된 게, 가장 첫 번째 기도가 뭐였냐면 제가 어머님 댁[에서] 이사 [나]올 때, 어머니 집[을] 단장을 해주는 거였어요. 어머니 뒷소리, 내가 뒷소리[가] 듣고 싶지 않은 거야. 어머니 [집에서] 분가할 때 우리 [어머니] 집을 다 새 단장 해주는 거. 그거를 기도를 10년을 거의 해온 거예요, 혼자 속으로. 그거는 애들한테 기도할 게 아니라 내 책임이라 그래서 기도를 했는데 기도 응답이 빨리 돼가지고, 제가 한번 하나님께 기도를 한 적이 있어요. "하나님, 저 한참 기도 많이 해야지 이뤄주는데 왜 이런 기도가 빨리 응답됐어요?" 하고 여쭤봤어요.

근데 또 환상[환영]으로 딱 보여주는데, 무슨 일이 있었냐면은 제가 기도한 거를 리스트를 다 하나님이 작성해 놨더라고요. 작성해 놨는데 여기가 빈 거 아니에요? 그 응답해 준 거 체크를 하시나 봐요. 근데 딱 그거를 갖고 하나님이 요한이를 불렀대요. 요한이 부르는 거야, 이 장면을 다 보여주는 거야, 요한이가. "요한아" 그러니까 "네" 하고 오는 거야, 하나님께. 그랬더니 리스트를 하나님이 딱 보여주는 거예요. 손이 있고 이게 아니라 그 환상[환영] 속에 다 느껴져. 딱 보면서 "너 [이게] 엄마가 기도한 거야" 그랬더니 요한이가 "하나님, 이거 빨리 응답해 줘야 된다"고, 빨리빨리 응답해 주라고 체크를 막 하는 것까지 하고 환상[환영]이 다 지워졌어요[사라졌어요]. "아, 그랬군요. 요한이가 기도를 올린다고 했는데, 요한이가 그 일을 하는 거 맞군요. 알았어요".

집 단장을 하는데, 해달라고 하는데 누가 저기 와서 좀 정리해 주신 분이 누구 거… 자원봉사하는데 좀 연락 좀 해보라고, 해줄 수 있으면 좋지 않으냐고 했는데, 전화를 했는데 원래는 없대요. 원래는 그런 거 해주는 사람이 없는데, 자원봉사자가 나타났다는 거예요, 집 단장해 주는 사람도 나타나고 집 이사해 줄 사람도. 목사님이 그동안 너무너무 귀찮아 가지고 아무것도 못하겠다는 거예요. 당신이 알아서 하라고 하는 거예요.

그래서 기도를 하고 했는데 그것까지도 다 해가지고 이사를 그

요한 엄마 김금자

분들이 다 한 거예요. 짐이, 짐이 그렇게 많은 거예요, 10년 동안 살다 보니까, 많지 않은 줄 알았더니. 그분들 아니었으면 진짜 못 해. 그분이 거의 10명이, 10명 정도 되죠? 짐 가져가고 이사해 주고 도배해 주고, 도배를 좀 나중에 하긴 했지만. 그렇게 해서 응답을 받은 거야, 진짜로. 그 항상 받던 대로 응답을 그렇게 해줬고요.

면담자   그럼 이제 이사하시고 활동을 시작하셨을 텐데, 그때 세월호 참사에 대한 생각은 어떠셨어요?

요한 엄마   그다음에 이 세월호 문제는 지금 얘기하기는 좀 저기 하긴 하지만 다 안 된다고 그랬어요. "정부를[와] 싸워서 이길 사람 없다. 이게 되지 않은 거야"라고 얘기를 했는데, 제가 주장하는 거는 "하나님에[게] 기도를 했는데 진상 규명 하라고 했기 때문에 이건 반드시 하나님이 도와주시는 거다. 그렇기 땜에 할 수 있다"라고 계속 주장을 했고, 이렇게 "알려야 되고 행동으로 보여야 된다"라고 얘기를 했었고. 그러면서 이렇게 뒤집어지니까 사람들이 놀래는 거죠. 아까 촛불 얕잡아 봤듯이 놀란 거죠. 안 될 줄 알았다는 거죠.

사람보다 가장 위가 [하나님인데, 하나님이] 사람을 만드시니까, 사람이 이거를 만들면 자기가 주인이잖아요. 주인이 돈 주고 팔기도 하리만큼 또 그 사람이 주인이잖아. 그지만 사람의 주인은 하나님이란 말이야. 이 세상의 주인도 하나님이란 말이야. 주인이 자유의지를 줬을 뿐이지. 권력은 누가 가지고 있냐, 하나님이 가지고 있는 거예요. 감히 누구도 하나님을 대적하지를 못해요. 아무리 강한 어떤 나쁜 사람도 주님을, 저기 뭐야 주님하고 싸워서 이기지를 못한다는 말이죠.

왜냐면 지으신 이가 모든 걸 아시는데, 단지 자유의지만 줬을 뿐인데, 그거를 잘못 사용하는데 하나님이 그럼 "잘했어, 잘했어" 끝까지 그러겠어요? 아니라는 거죠. 끝까지 있지는 않다는 거죠. 참긴 참죠. 저도 참아요. 그지만 노하신다는 거예요. 노하실 때는 진상 규명 안 했을 때 반드시 노하신다는, 하나님이 대기하고 있다는 거예요.

제가 말했잖아요, 기도하는데 그런 그 환상적[환영]으로 보인다고. 이거는… 내가 내 생명을 이렇게 앗아가게 만든 이 정치, 부정부패를 나도, 내가 가만히 안 있겠다. 이 생명을 귀중하게 여기고 온 국민이 일어나서 이걸 해결해야 되는데, 주님이 도와주시니까 저는 되리라고 분명히 믿습니다. 왜냐면 이 길이 나쁜 길이 아니거든요. 죽었는데, 진상 규명 하라는데 나쁜 게 아니잖아요.

그럼 그다음 대체 안전한 사회가 이뤄져야 되는 거잖아요. 그 안에 배·보상이 당연히 돼야 되겠고. 이거는 뭐 합당해, 민주주의의 그 합당한 그 법적 조치를 해서 해야 되는 거고, 그 당연한 거고.

면담자 　　　어머니, 정말 긴 시간 어려운 말씀 잘해주셔서 감사드립니다. 오늘은 지금 저희가 두 시간이 넘어서 마무리를 하려고 합니다. 한 번에 이렇게 많이 하시면은 많이 힘드실 거예요.

요한 엄마   물을 거는 다 물으셔야 돼.

면담자   네. 오늘은 여기서 마무리를 하고요. 더 여쭤보고 싶은 거는 2차, 3차 때 보완하는 걸로 하도록 할게요.

요한 엄마   네, 그러세요.

면담자   네. 오늘은 여기서 마치도록 하겠습니다.

2회차

2017년 1월 18일

1 시작 인사말

2 사건 당시 구조 현황

3 '구조하지 않음'을 인식했던 순간

4 투쟁 활동, 반별 활동

5 동거차도에서의 인양 감시 활동

6 교실 존치 문제

7 재판 관련

8 간담회

9 가장 중시하는 활동

10 청문회

시작 인사말

면담자　　　본 구술증언은 4·16 사건에 대한 참여자들의 경험과 기억을 기록으로 남김으로써 이후 진상 규명 및 역사 기술에 기여하고자 합니다. 지금부터 김금자 씨의 증언을 시작하겠습니다. 오늘은 2017년 1월 18일이며, 장소는 안산시 단원구 와동 성문교회입니다. 면담자는 이예성이며, 촬영자는 김솔입니다.

사건 당시 구조 현황

면담자　　　일주일 전에 1차 하시고 그사이에 특별한 일은 없으셨어요?

요한 엄마　　우리 유가족 생활이 지금 활동하고, 반 대표니까 반 대표 역할하고 그런 거죠, 뭐.

면담자　　　구술해 보시니까 좀 어떠셨어요?

요한 엄마　　진상 규명 하는 데 도움이 된다면 내가 알고 있는 거 얘기하는 것이 옳죠. 왜냐면 자꾸 알리고 뭐가 문젠지, 사회에 이렇게 전해야 되니까. 입을 다물면은 모르잖아요, 사람들이. '아, 그래 그런 사람이 있었구나, 그런 아이의 부모의 마음이구나' 그런 거

[를] 전하는 게 옳으니까 제가 이렇게 승낙을 했죠.

면담자　　　참사 3주기가 다 되어가는데 요한이 만나시고 나서 올라오셔서 가족들이 활동을 많이 하셨잖아요. 오늘은 그 활동에 대해서 얘기를 할 거예요. 일단 진도에 내려가셔서부터 올라오시기까지를 얘기해 주셨는데, 그중에서 언론도 말이 많았고 수습이 엉망이었던 것들, 구조 활동, 정부와의 접촉 그런 경험이 있으시잖아요. 그런 거 인상적인 거 있으면 좀 말씀해 주시면 좋을 것 같아요.

요한 엄마　　　뭐냐면 그때 갔었을 때 모습을 본 사람들은 다 똑같이 느꼈겠죠. 우리도 '체육관에 가면, 무슨 시스템 되어 있고, 구조 활동을 하고 있겠고, 애들이 오고 있겠고' 이런 생각을 하고 갔었는데, 막내 동생이 목사님이라 목포에 살다 보니까 우리 오기 전에 먼저 팽목항에 가봤대요. 그러면서, "누나 가지 마" 이래서 "무슨 소리냐?" 했더니 "구조 활동도 하나도 안 하고 119 차만 있고 무슨 차 몇 대만 있고, 너무 억장이 무너진[다]"는 그런 얘기를 하면서 "누나 가지 말라"고, "너무나 상처받을 것 같다"고 그러면서 또 못 가게 하더라고.

그래서 '아, 내가 있어야 할 곳은 여기 체육관이구나. 내가 어디를 갈 저거가[상황이] 아니구나' 하고 체육관에 [갔더니], 이걸[바닥매트를] 깔아주더라고요. 막 갔는데 깔아주니까 '아, 여기에 자리 잡아야 되겠다' 하고 앉아서 이렇게 있었죠. 있었는데 유가족들이 난리[가] 났죠. "이게 뭐냐, 도대체 뭐냐. 여기 불렀으면 무슨 그 행위를[구조 활동을] 해야 되지 않느냐". 근데 무슨 행위도 안 하고 우리한테 "뭐 어떻게 하겠다" 이런 말도 없고 우리는 우왕좌왕 계속 찾으러 사람들[만] 들어오고, 앞에서는 어떻게 해야 될지 모르는 위에 사람들 왔다 갔다 하고, 인사하고 이렇게만 하고 하니까 유가족들이 분노하고 난리 났었죠.

그러면서 "배를 대절해야 되지 않느냐[고들 했는데] 근데 배도 안 대절해 주고 이러니까. 저는, 저도 그렇지만 동생도 그렇고 앞전에도 말씀드렸지만, 배를 타서는 안 될 것 같아요. 배에 타면 나까지 사탄이 바다에 넣어버리면 못 찾는 거잖아요. 그 당시 잠수사가 있는 것도 아니고, 애들도 안 구하는데 우리는 오죽하겠냐고요. 이랬다면[이러면] 지겠다 싶어 가지고 '안 되겠다, 내가 배는 타면 안 되겠구나'. 근데 배 타러 가자고 일부 [부모들은] 막 다 나갔어요. 근데 저는 안 갔어요, 가자고 하는데 끝까지. "이거 돈이라도 대서 하자. 이거 정부에서 안 해주니까 우리가 돈 내서 하자" 하면서 다 몰려서 나갔죠.

근데 저는 그때부터 계속 체육관에서 있었어요. 있었는데, 책상 놓고 우리 관리는 안 해주는데[안 해주면서 뭔가를 하길래], [가족들이] 책상[을] 엎고 [했어요]. 누군지는 몰라도 아마도 정보기관이겠죠. 이렇게 놓고 쓸라고 하는지 뭐 하는지 그게 있[었]고, 우리 유가족들은 화가 나가지고 그거 뒤집고. 근데 그건 아니잖아요. 일을 풀려면은 이렇게, 난 대화 중심이고 서로 간에 상처 안 주도록 하는 그런 중심을 가지고 있기 때문에, 또 [그것이] 가장 좋은 방법이고. '무력은 아니다, 믿는 자로서 화합이지' [하고 생각했어요].

저하고 금방 저 목사님[목포에 사는 동생 목사]하고 그런 일[대화로 풀자고 종용하는 일]을 하고 또 일부 우리 유가족들도 그런 일을 하고, 한쪽에서는 막 난리를 치고. 그래서 "하지 마시라"고 그렇게, 손도 잡아주면서 "이러면 안 된다"고 그러면서 우리 유가족도 좀 자중시키고.

면담자　　　진도체육관에서 그런 광경들을 보시면서 어떤 느낌이 드셨어요. 특히 정부에 대해서 어떤 생각을 하셨는지 듣고 싶습니다.

요한 엄마　　　무슨 희망이 있었냐면은 저도 마찬가지지만, '안전처에서 만약에 바다에서 무슨 일이 있으면 그 일을 구조하는 시스템이 있었을 것이다'. 그 전까지도 난 우리 국가를 믿었었어요, 요한이도 마찬가지고. 요한이도 "좋은 나라에서 태어나서 감사하다" 그러고 나도 '우리나라 좋은 나라, 나만 잘하고 살면 되겠지'. 눈앞을 아주 가리지 않고 내 식구들 교육 이런 것만 신경 쓰고 앞만 보고 다녔는데, '내 나라는 다 잘하고 있겠지'라고 믿[었는데 거기서[진도에서] 이제 터져버린[완전히 생각이 바뀌어버린] 거예요.

내가 얘기하면, 아이들 보면서 우리나라 단면을 본 거예요. 여기 도련님도 그러더라고요. "형수, 우리나라가 전반적으로 다 그렇다"는 거예요. 애들 모습이[아이들은 하나도 구조하지 못하는 모습이] 우리나라의 모습인지 몰랐을 땐 모른 거지. 어떤 기관이, 무슨 일이 일어나지 않으니까 그 시스템을 보지 못한 거예요. 근데 애들 보면서 우리나라 시스템을 봐버린 거예요. 다 놀랜 거죠. 유가족도 느꼈죠, 다 뒤로 넘어져 버렸어요. 아니, 그쪽에 분명한[분명히] 공무원들이 있을 것인데, 평소에 훈련을 잘 시키고 이러한 상황에서는 이렇게 하고 저렇게 하고 이게 다 나올 것인데, 저도 조금 기도하고 뭐 하고 하면 답을 나오잖아요. 하나님은 응답도 주시고 '아, 이렇게 하면 문제가 이렇게 해결되겠다' 이게 나온단 말이에요.

근데 제가 느낀 건 무지예요. 안전처가 있는지 뭐가 있는지 대처 기능이 하나도 안 돼 있더라는 거죠. 그건 뭐냐면, 제가 회사에서 오면서 배 넘어진 거 보면, "나와라" 하면 다 나올 수 있는, 쟤들이 죽을 애들이 아닐 정도로. 그러니까 엄마들이 옷을 챙겨서 갔단 말이 그 맞는 거예요. '애들 데리러 가야지. 애들 얼마나 힘들었을까' 이런 마음으로 갔지 죽었다 생각하고 가지를 않았단 [말이에요]. 구조 안 할 것이라 생각은 안 한 거예요. 그러니까 가면서 누가 "희생자가 올라왔다" 이런 말 들었을 때 '내 아이는 살아 있다', '어머, 저 엄마 마음은 어떨까' 이랬다니까, 저도 마찬가지고. 그런데 그 시스템이 하나도 안 돼 있고, 뭐 동거차도에 가서도 느낀 점이, 세상에.

면담자   동거차도 언제 가셨어요?

요한 엄마   제가 세 번째까지 갔다 왔는데, 가기 전까지는 내가 몸이 아파서 못 갔는데, 목사님도 미리 갔다 오고 [와서 하는 말이]

"당신도 거기를 꼭 갔다 와야만 된다. 가장 고생하는 곳이고, 아이들을 가장 가까이 볼 수 있는 장소"라고, 가서 또 느낄 거라는 거예요. 가서 보니까 너무나 가까운 건 거예요, 1.5미터[킬로미터]? 이 정도라 그러는데. 세상에, 그건 아니지. 전부터도 얘기했죠? 구조하려고 맘만 먹었으면 애들은 어떻게든지 살아 왔다는 거예요. 세상에, 밧줄이 없어요? 이만큼 튼튼한 밧줄, 공사장 가서 사 와. 만약에 없다면은 사 와가지고 줄만 해줘도 얼마든지 그거 타고 올 수도 있었는 건데.

내가 느낀 거는 이거는 완전히 구조를 방해도 했지만 안 한 것이 정말 기정사실이라는 거죠. 어떠한 대책을 내놓지도 않았다는 거예요. 우리가 가는 몇 시간 동안 위에 사람들은 헬리콥터[로] 갈 수 있잖아요. 30분이면 간다면서요. 헬리콥터로 대절해서 가야죠. 우리는 그렇게 할 능력이 없고 그런 저거가 안 되지만, 윗사람은 그게 아니잖아요. 우리보다 위에 어떤 수단이 있잖아요, 권력도 있고 대치[대처] 능력도 있고. 너무나 많은 애들이 갑자기 사고도 아니고, 사고였다면, [사고로] 죽어버렸다면은 우리가 이렇게 더 분노하지 않죠. 그게 아니었다는 거예요. '이게 뭔가가 있구나. 이게 뭐야? 도대체 무슨 생각을 하고 있었어, 위에서는?' 이런 게 궁금해지는 거예요. 우리나라 국민인데 보호를 못 받았어. 우리의 권리를 우리는 주장을 못 했어, 아이들이 [수장되어 가고 있었는데도].

그리고 이제 진상 규명 얘기하는데 뭐 [정부와 여당에서] 다른 얘기를 하는데 이걸 법치국가에서 당연히 해야 될 진상 규명을 해야 되고 왜 사고가 났고 왜 구조를 안 했는지 이런 파악을 놓고 진상 규명을 해야 되는 거는 법치국가에 맞는 건데, 정상적인 궤도를 가고 있는 우리 부모한테 잘못됐다고 말을 하면은 안 된다는 거죠. 이게 진정한 길이에요. 내 자식이 그런 일이 있었는데 어떻게 "넌 그러고 말아. 배·보상했으니까 끝나" 한다면은[하는 것을 받아들인다면] 정상적인 부모가 아니라는 거죠. 국민들도 마찬가지예요. 진상 규명이 안 됐는데 "어우, 다 덮어" 이것이 옳은 게 아니라는 거죠. 우리하고 합류해 주고 정말 아프시다고[마음 아프시겠다고], 그럼 재발 방지, 다시 이런 일 없도록 해야 되고 하는 우리를 지지해 주는 사람이 맞는 거지.

애들이 살림을[살 수 있도록 구조를] 받지를 못했어요, 구조를 받지 못한 거예요. 이거는 명백한 사실이고 그래서 우리들이 미안한 거고, '정부가 제대로 취하지 안 했다' 이게 답이 나와버린 거야. 이리 봐도 저리 봐도 이거는 아닌 거예요. 이렇게 보낼 애들이 아니었다는 거예요. 아파서 뭐 또 피치 못할 사정이 있어서 개인마다 입장, 그런 거는 우리 사회니까 그런 건 이해하지만, '쌩쌩한 애들을 그냥 놔둬. 이거는 정말 잘못된 병폐다, 나라의 병폐구나', 그런 모습을 낱낱이 보게 된 거죠.

3
'구조하지 않음'을 인식했던 순간

면담자　　어머님 기억을 되돌려 보시면은 처음부터 수습을 안할 거라고 생각하고 내려가시지는 않으셨잖아요?

요한 엄마　　그렇죠. 다 애들이 올 거라 생각을 하고 갔죠.

면담자　　'진짜 이건 뭐가 잘못됐다, 너무 수습을 안 한다'라고 느꼈던 순간이 혹시 며칠쯤인지 말씀해 주실 수 있나요?

요한 엄마　　그날 학교를 갔는데 우왕좌왕하고 있는데, 제가 말씀드렸을 거예요. 이렇게 화면으로 봤는데 애들이 안 나오는 거예요. 그런데 안 나오는데 "전원 구조됐다" 거기서부터 저는 잘못됐다고 봐요. 전원 구조됐다고 하기 전에 우리한테 먼저 통보를 했어요, "전원 구조됐습니다". 그러니까 어느 누가 "언론에도 안 나왔는데 무슨 전원 구조냐. 나 그 말 못 믿겠다" 했는데 조금 있다가 언론에 나온 거예요, 그게.

근데 내가 믿을 수가 없는 게, 애들이 나와야 되잖아요. 근데 배가 가만히 있어. 사람도 없어. 내가 이게 저 개인적으로 누구한테 말은 안 했지만 '이게 뭔가가 이상하다, 뭔가가 이상하다'. 분명히 애들이 삼백몇 명이면 다 나와야 되잖아요. 여기저기에서 구멍에서 다 나와야 되는 거예요, 이쪽에서도 나오고 저쪽에서도 나오고. 그러니까는 나오는 길은 이렇게 있지만 애들이 이쪽으로 차면 이쪽으로도 나올 수 있고 하잖아요, 사방으로. 구조 길은 많으니까, 배가 크니까.

근데 거기서부터 저는 이상하다고 생각을 했어요. 근데 누구한테 말은 안 했죠. 왜냐면 댕그라니 [아무 움직임도 없이] 있으니까, 애들이 나올 수 있는 그런 상황이니까[상황인데도 그런 상태라서] 그렇게 했고[이상하다고 생각했었고], 내려가서 보는데 우왕좌왕하는 모습[을 보고] '대책 없구나' [했고]. 다섯 시간 여섯 시간이 넘었어요. 근데도 그랬다는 거야. 그러니까 억장이 무너지죠. '이게 뭐야, 이게 뭐지?'라는 생각을 그때 두 번째로 상황 보고 알았고. 진도에서 처음에는 언론 보면서, 화면 보면서 매치가 안 되는 거예요. 그리고 가서도 어떤 대처가 없구나, 대처 방안이 없구나. 그야말로 묵묵부답이죠.

그리고 또 하나 정신적으로 제가 생각하기에 '아니, 위에서는 뭐 하고 있지?' 그때는 생각만 했지만, [위에서는 그저] 많은 걸 수습[무마하려고 했던 거 같아요]. 그래서 생각했어요 그때 당시에, '위에서는 뭐 하고 있지?' 그것도 순간이 있어, 시간. '지금 뭐 하고 있지?' 개인적으로 그렇게 생각하기 전에, [시끄러운 상황을] 수습하기 바빴어요, 이렇게. 어떻게든 좀 조용하게.

면담자 '뭘 하고 있을까' 생각하신 게 며칠 정도일까요?

요한 엄마 그 당일에. 아니, 이렇게 시간이 지금 생각해 보면 몇 시간이잖아요. 근데 뭔가를 위해 사람들은, 제가 또 얘기했잖아요, 뭔가[를] 할 수 있는 소통 능력이 많단 말이에요. 재력이 없겠어요, 뭐 이게 권력이 없겠어요. 나쁜 권력이라고 얘기한 게 아니라 그 위치에서의 할 수 있는 권한을 얘기하는 거예요. 그런데 아무것도 안 하고 있는 거예요. 윗분들 와서 어떻게 할 줄 몰라서 인사하고 계시다 가시고, '실지로 대처를 안 하고 있는 저 윗분들은 뭐 하고 있지?'라는 것[생각]도 순간이었어[그 순간에 들었어요].

제가 지금 기억해서 말씀을 드리는 건 순간이었고, 나머지는 수습을 잘해주기를 바랬죠. 우리야 지금 난장판이니까, 어떻게든지 애들을 살려[야 할 것 아니에요?]. 그렇게 있는 상황에서도 제가 말씀드렸잖아요. '공간이 있으니까 살아 있을 애들이 있을 것이다. 그 애들을 꺼내내라' 이거죠. 얼른 들어가 봐가지고 상황 보고 '살아 있다. 어, 움직인다' 그런 애들은 빨리 꺼내냈어야 되는데 그런 조치를 안 하고 있더라는 거죠. 안 했어요, 안 했어.

면담자   안 한 거에 대해서 유가족분들이 가만히 있지 않았잖아요. 그때 반 대표도 없고 할 때 가족분들이 대처하는 모습은 어땠나요?

요한 엄마   그때 당시는 거의 반별이 아니었죠. 반별이 아니고 우후죽순 다 체육관 아니면 팽목항으로 간 거예요. [제가] 팽목항은 못 가고 체육관에 있었는데, 한 3일까지는 진짜 다 애들이 정말 전체적으로 봤을 때, 요한이는 내가 10일 이상까지, 개인적으로 내가 하나님 믿는 사람이니까 좀 다르죠, 아무래도. '우리 요한이는 정말 살아 있을 거야', 애가 죽을 애가 아니라고 생각을 했기 때문에 그 때까지 저는 [아이들이 살아 있을 거라는 생각을] 갖고 있었고, 요한이 [는 더 오래 살아 있을 거라 생각했기 때문에 요한이]를 제껴놨고.

근데 전체적인[전체적으로 아이들을 구조하는] 걸 얘기하고 내 마음은 그거고, 그다음에 전체적으로 수습하고[하도록] 기도하고 이런 거였는데, 3일까지도 어떤 대처를 안 한 거예요. 그 72시간이 또 굉장히 중요한 시간이라며. "72시간 지나면 진짜 없다. 그 안에는 살아 있을 수 있다"라고, 어떤 사람들이 어떤 부류는 '다 애들이 저기 했을[살아 있지 않을] 거다'라[고]는 생각 하고[했지만], 우리 일부[는], 3일 동안은 거의 유가족 '우리 애들은 안 나온 애들은, 다 살아 있을 것이야' 이렇게 다 생각을 했단 말이에요, 72시간. 그런데 그 이후로 여기 72시간을 구조를 또 안 해. 안 한 거야 이거는. 어떠한 대처를 안 한 거예요.

결론은 애들, 나온 애들 보니까 희생자 애들을 보니까 다 둥둥 떠갔고, 떠가지고 정말 모여가지고 한[있었던] 애들, 제가 그때 상황으로 그렇게 기억을 하고 있어요. 그런 애들만, 애들 나오고 있는데 그런 애들은 어떤 애들이냐? 이렇게 붕 떠가지고, 눈에 보여가지고 이렇게[수습] 한 애들[이었다고] 그 정도로 제가 알고 있었고.

아무튼 그날은 요즘 말하는 게 딱 맞아요. "나라가 없었다", 나라가 없었던 거예요. "대한민국에 나라가 존재하지 않았다". 참 희한한 일이죠, 희한한 일. 남들은 여행이라고 하는데, 우리들은 단순한 여행이에요? 교육과정인 수학여행이에요. 거기서는[다른 부모들의 경우에는 여러 가지] 일이 많았다고 하더라고. "엄마, 나 안 가"
하는 애들도 있었고, 부모가 안 보낸다는데 선생님이 보내라고 하
는 애들도 있었고, 애들이 가고 싶어 하는 애들도 있고. 굉장히 엇
갈리고, 엄마들이 가슴 아파 하는 게 애들이 안 간다고 했을 때 잡
지 못했던 엄마들, 그런 엄마들. "엄마, 나 안 가고 싶어", "왜 안 가
여기를, 추억인데". 저도 마찬가지지만 우리 애는 안 간다고 했으
면 저는 안 보냈었죠, 그때 상황 봐서. 근데 그럴 기미가 안 보이는
거야, 기미가. 붕 떠가지고, 쳐다만[요한이를 기다례] 본 거예요. 왜
냐면 자기의 인격도 중요하니까, '내가 이래라 저래라 [하기보다는]
그냥 기도하면 되겠지' 하고 보냈던 건데.

그리고 전체적인 걸로는 아니고 나는 우리 요한이만 사탄이가
저기 할[죽음으로 몰고 갈] 줄 알았는데, 나중에 보니까 이게 전체적
인 일이었던 거죠. 그래서 나라가 없었단 말이 딱 맞는 것 같아요.
"나라가 없었다", "구조를 안 했다". 결론은 해경에서 법적으로 판
결이 났지만 구조 방해까지, 안 한 게 아니라 방해까지 한 거예요.
실질적으로 증언하잖아요.

민간인들은 어제 그 법[정]에서 가서 [증언을 들어]보니까, 밤늦
게까지 불 키고 어떻게 하든지 애들 살려볼라고 그러고 있었던 거
예요, 민간인들은. 세상에 우리나라 백성들은 그렇게 마음이 따뜻
하고, 지금도 느끼지만 정말 따뜻하고 고마운 분들 많아요, 진짜
이루 말할 수 없도록. 저희들이 감당이 안 될 정도로 진짜 너무나
훌륭하고 정말 국민들은 그렇게 따뜻한 마음 가진 사람들이 그렇

게 많더라고요.

그래서 우리가 위로를 받는 거죠, 그들의 위로를. '우리도 잘해야 되겠구나'. 빚이죠, 한마디로. 우리도 갚아야 될 그런 빚이라고 목사님도 얘기를 하던데, "빚이야. 우리도 갚아야 된다" 이렇게 얘기를 하는데, 유가족들도 말은 하지 않고 있지만 대체적으로 다 그렇게 알고 있을 거예요. 우리가 해야 되고, 할 수 있는 날은 어려운 사람들 도우려고 지역도 돌아보고 그렇게 하잖아요. 다 관절염 걸려가면서 저기 핸[리본 같은 거 만들어 나눠 주러 다닌] 사람들, 저는 손재주가 없어서 못 하지만, 걸어가면서 이렇게 만들어가지고 팔아서 애들 다 나눠주잖아요. 정말 아름다운 우리 식구, 저[우리] 국민들이에요.

그래서 유가족 이야기도 하기야 하지만은 그 외에 우리를 도운 사람들도 너무나 훌륭한 분들이고, 누구 하나 [고맙지 않은 사람들이] 없었던 것 같아요.

면담자   지금 말씀해 주신 것들이 아마 계속 가족분들이 활동을 하시게 만든 이유일 것 같아요.

요한 엄마   그렇죠. 왜? 우리가 이렇게 가만히 있어봐. 우리 애들은 "가만히 있으라" 해서 희생이 됐는데, '우리는 가만히 있으면 안 되겠구나, 그거를 병폐를 보고 우리가 나서야지', 이게[이런 생각이] 자꾸 올라오고. 왜냐면 정말 소중한 내 자식이 갔기 때문에 이 아이들이 뭔가를 얘기하고 갔을 것이다. 갈 때는 뭐라고? "엄마, 이

억울함을 풀어줘. 우리가 왜 이렇게 할 수밖에 없는지". 누가 우리한테 숙제를 줬냐? 아이들이 [준 거지요]. 그걸 다 받은 거지, 같이. 누가 시켜서가 아니라 이게 다 이렇게 각자마다 온 거예요, 그런 마음이[으로 여기까지] 온 거예요.

4
투쟁 활동, 반별 활동

면담자　　2014년 5월부터 가족분들이 활동하신 게 진짜 많은데, 어머님 참여하셨으면은 그 경험을 조금씩 말씀해 주시면 좋을 것 같애요. 일단 14년 5월 8일, 9일에 KBS 항의방문을 했었고, 청와대를 향해서 도보시위를 했었어요.

요한 엄마　　그때가 우리 요한이 올라왔을 때예요. 그날 소식은 들었어요. 요한이 장례 치르고 있을 때 4반이[4반 부모님이] 오셔가지고 무슨 그 항의를 하는 얘기를 조금 비춰주더라고, 한 0.5초 정도로. 근데 우리가 지금 심각한 상태에 있으니까, 요한이가 6일 날 왔으니까 3일을 장을 했잖아요. 그러니까 이제 뭐 행동을 못 했죠, 그때.

면담자　　그다음에 5월 27일부터 국회에서 농성이 시작됐어요.

요한 엄마　　농성이면 거기서 계속 잠자고 하는 그런 거? 거기는 제가 하룻밤을 잤는지 기억이 정확하게 안 나는데 거기도 왔다 갔

요한 엄마 김금자

다 했죠. 많이는 아니고 동참으로 했죠, 동참. 왔다 갔다 하면서 차로 저녁에 가고, 그다음 날 오고. 저는 시작부터 아니고 요한이 보내고 나서 한 몇 달을 집에서 누워 있다시피 했어요. 이사하기도 했지만 몸이 완전 중천금이 돼가지고 이렇게 굴러다녔어. 집에서도 딸 밥도 못 챙겨줬어요, 아침도. 몇 달을 그랬더니 목사님이 해외 집회 가면서 나한테 "당신이 계모냐, 딸 밥은 해줘야지. 다른 거 다 못 하더래도 밥은 해줘야 되지 않겠느냐" [하더라고요].

그때 시에선지 어디에선지 밥이 왔어요. 왔는데도 거의 뭐 엄마가 안 해주면 안 먹잖아요, 애들 입이. 그러니까 거기에[해외 집회에 가면서] 이제 해가지고[문자를 보내서], "매일 일정을 올려라. 밥을 해줬는지 안 해줬는지" 그래 가지고 죽을 둥 살 둥 아침에는 애를 밥을 해주고 목사님한테 문자 보내고. 정말 못 했을 때는 한두 번 [못] 했더니 나중에는 인정을 하더라고요. 한 20일 가운데 제가 한 18일, 17일 정도를 밥을 해줬어요.

〈비공개〉

면담자　　　그게 2, 3개월간이라고 하셨나요?

요한 엄마　　네. 3, 4개월까지도 갔었을 거예요. 근데 그 와중에 무슨 중요한 일 있다 그러면 힘을 다 그때 충전했다가 그때 한 번씩 나가는 거예요. 한 번 가고 또 한 번 가고 계속적으로 이렇게, 제가 못 했던 거는 서명. 제가 제일로 못 했던 거는 서명이에요.

면담자　　　6월부터 서명이 시작됐어요.

요한 엄마   그러니까는, 서명 못 했어요. 딱 그 시기에 제가 몸이 못 일어나 가지고 대신에 목사님이 뛰었어요. 목사님[이] 교회[들로 서명받으러] 주로 뛰고, 우리 반에서 제일로 많이 했을 거예요, 서명. 이렇게 개인적으로는 제일로 많이 했어요. 그니까 같이 거리로 못 가요. 아무래도 목회자다 보니까 예배도 드려야 되고, 이런… 개인적으로 계속 서명을 받으러 다니셨고. 미국에도 갔었고 집회 때도 받으러 왔었고 그렇게, 굉장히 많이 했어요. 그리고 나서 [제가] 몸이 풀리면서 교체를 했어요. 목사님[은] 목회로 들어오고 제가 이제 뛰기 시작했죠.

면담자   혹시 활동 계기가 기억나시나요?

요한 엄마   언제부터였는지는 모르죠. 계속 누워 있다가 전화로…….

면담자   어떤 활동으로 시작하셨는지 혹시 기억하세요?

요한 엄마   그 전에 활동을, 중요한 거는 했었어요. 중요한 건 했기 때문에 영 안 한 건 아니에요.

면담자   혹시 어머님 단식은 따로 하셨나요?

요한 엄마   개인적으로 하죠. 그니까 거기는[유가족들이 단체로 단식하는 것에는 같이] 안 하죠. 안 하고, 언젠가는 한번, 한동안인가는 제가 [유가족 단식]할 때 [같이] 했었어요. 너무너무 힘든데 하루 정도는, 하룬가 며칠은 제가 했어요. 그니까 며칠을 겹쳐서 하는

106

게 아니라 주간에 월요일 날 이렇게 띄엄띄엄, 주간에 그런 식으로 많으면 두세 번 동참하고. 내가 개인적으로 하긴 또 힘드니까 그렇게 했었던 것 같아요. 그러면서 알게 모르게 계속 활동을 해왔어요, 지금까지도. 그때는 이제 못 일어나서 이렇게 하고, 지금까지도 계속해 온 거죠.

면담자　　　　그때 댁에 계실 때, 중요한 것만 나가실 때는 소식을 누구한테 들었었나요?

요한 엄마　　　　밴드가 있어요. (면담자 : 밴 밴드였나요?) 처음에는 밴드도 못 봤어요. 너무 기력이 안 돼가지고 전화 오는 거나 겨우 받고, 자느라고 전화 안 받는 게 태반이고, 목사님이 세상에 당신이 하루에 18시간을 자더래는 거예요. "어떻게 사람이 그렇게 잠을 잘 수가 있냐"고, 하루도 아니고 몇 달을 그냥 자다 일어났다 자다 일어났다, 이렇게 막 되니까 놀래가지고, 나중에 지나가다가도 그 얘기 하더라고요. [그래서] 조금 움직이고, 여기 조금만 여기 테이블 좀 치우고, 설거지하고 또 가서 자고, 여기 하고 하고 이렇게 생활을.

　개인적으로 나중에 일을 하기 위한 충전을 한 거죠. 너무 놀래서 다운됐지만 내가 지금 활동하는 사람들한테 너무 미안하고, '정말 미안하다' 늘 마음은 갖고 있고, 내 속사정을 모르는 사람들은 "왜 안 나오지" 하는 사람들도 있었을 거예요. 더더욱 "사모가 왜 저러고 있나"라는 말도 했다 그러더라고요. 근데 목사님이 저를 아니까 [다른] 소식만 알려준 거죠. 그리고 나중에 누가 이런 말을 하더라[고 말을 해줬어요]. 그래서 자기도 가슴 아프죠. 진짜 제가 그런 상태니까. 못 갈 걸 아니까, 아는데 주위에서 그런 말 하니까 전달해 주는 거 아픔 반, 반절을 내가 더 잘해야 되겠다. 두 과제를 가진 거예요.

왜냐면 상황을 알아야 되고, 나중에 내가 일어나면 열심히 해야 되겠다 응답도 받았고 하니까. 그걸 이제 그렇게 무조건 그 사람이 잘못했다기보다는 '오죽 답답하면 그런 말을 할까. 내 상황을 몰라서 그랬겠지'라고 이해하면서, 자꾸 나가면 기회 있으면은 "미안하다. 내가 몸이 좀 괜찮아지면 나도 뛰겠다"라고 했었는데 그게 몇 달이 가니까 또 싫기도 한 사람도 있었겠죠. '뭐 저렇게 아프냐, 겉으로 보면 쌩쌩한데'. 근데 완전히 노인, 노인. 여기서 진단을 했는데 할머니, 할아버지… 요로고 다닌 거예요. 겨우 주님 의지하고 집에서도 이렇게 걸어 다녔다는 거예요, 꼭 화성인이 이렇게 [엉금엉금] 걸어 다니는 것처럼.

근데 밖에선 안 나오니까 모르면서 그거 하다고[열심히 하지 않는다고] 생각을 한 거죠. 근데 듣고 보니 [그렇게 생각할 수 있었다 싶었어요]. 입원한 게 아니니깐, 입원할 수도 없고. 동생은 입원하라는데 내 집이 오히려 편하지, 여러모로. 저기[입원] 하고 싶지 않아서 안 했던 거죠. 그래서 그 상태 같으면 사실은 입원해야 되는 상탠데 내가 그 정도 남한테 폐 끼치기도 싫고 내 집이 있는데, '기도하는 사람이 기도하면서 어떻게든지 주님 붙잡고 일어나야 되겠다' 하고 그 믿음만 가지고 몇 달을 충전을 한 거예요, 개인적으로는

'잘해야 되겠다'라고. 근데 구체적으로 이게[무기력증 같은 것이] 서서히 일어난 거기 때문에.

면담자   언제 시작했다는 게 없네요.

요한 엄마   네, 그게 없어요. 제가 아무리 생각해 봐도 그건 없었고 그 중간에도 한 달 동안, 이사 왔는데 한 달이 걸렸어요. 그땐 이 옆집에서 그러더라는 거예요. 항상 짐이 그대로 있다는 거예요. 왜냐면 치우다가 그나마도 좀 일을 하다가 무슨 일이 있으면 나가는 거예요, 밖으로. 그러니까 행사에는 참여를 했다는 거죠, 제가. 안 한 게 아니라 활동을 못 한 거지, 어떤 행사에는 중요한 거는 행사 때는 나왔다는 거예요, 제가.

면담자   네. 지금은 활동하시는 유가족분들을 다 아시잖아요. 그때 당시에는 어땠어요?

요한 엄마   서먹서먹하죠. 왜냐면 우리 애들 아니면 얼굴을 볼 수 없는 사람들인데. 항상 조심스럽고 어렵고 가까이 가는 게 어렵고 그런 게 있기 때문에, 위압감 줄까 봐 항상 제일 밑으로 갔어요. 이렇게 꾸부려 다니고, 뭐냐면 '나도 아프지만 저들은 얼마나 아플까'. 근데 남들이 보면 이제 바보처럼 그렇게 행동을 한 거예요. 그러면서 가까이 가기가 굉장히 어려웠죠. '내가 가면 어떻게 생각할까' 이런 생각. 그래서 항상 이렇게 구부려 있었고, 또 활동을 많이 했다면 떳떳할 텐데 그것도 아니니까 항상 그들을 높이고 그런 생활을 계속해서 하다가 알게 된 거죠.

그러면서 어느 정도 선이 올라오니까 '아, 이젠 좀 드러내도 되겠구나'. 왜냐면 내가 활동도 하고 기도도 하고 지금 금식도 하고 있었고, 그래서 어느 정도 이렇게 고개를 좀 들고 볼 수 있을 정도 되니까 조금씩 알게 되고. 그 전에는 나한테 뭐라고 하고 이랬던 사람들이 내가 말을 안 했는데도 "기도도 많이 하고 한다"고. 제가 "기도를 많이 한다"고 말한 적이 한 번도 없어요. 근데 그렇게 나를 그냥 평가를 하더라고요. 그래서 '아, 이게 다 느껴지나 보다'. 요것도 하나님이 알려줬다고 저는 이제 생각을 하는데.

그러면서 고개를 들면서 조금씩 일을 한 거예요. 내가 할 수 있는 한은 내가 보기에 최대한의 것을 하다 보니까 사람들을 알게 되고. 그래서 항상 조심스러웠어요. 말 한마디도 하기 어려운, 지금까지도 마찬가지지만 위로의 말도 좀 어려워. 다독거리기는 주의 이름으로 할 수 있어요. 누그러지지. 마음 안다고 하는 그런 거는 해줄 수 있지만, "그래, 힘내", "힘들지?" 그러면서 이런 거는 해줄 수 있지만 다른 거는 위로의 말 자체도, 같은 저기여도[유가족끼리라도] 어렵고.

어려워하고, 반 대표까지는 우리 4반 반 대표는, 오히려 4반 같은 경우는 최강이라고 많이 해요, 최강. 반 중에서도 최고로 강하다고. 제일로 잘하고 뭐 이런 활동도 많이 하고 그런 반인데, 여태 반 대표들은 정말 물론 그 와중에 잠깐 하신 분들도 계시고 하지만 열성적으로 대표적인 몇 분들은 진짜로 열심히 하신 분들이 계세요. 제[도] 뒤를 따라야 되는데, 어차피 해야 되는 일인데 몸은 안 따라주고 '정말 잘해야 되겠다'[고 생각은 하는데]. 근데 내 힘으로 안 되는 거예요.

자꾸 대표를 하라고 얘기를 하고, 나오니까 하라고 하죠, 왜냐면 활동을 계속하니까. 근데 이제 내 몸은 내가 알잖아요. 내 몸이 안 돼서 안 된다 그런데 그러고 있는데 얼마 전에 신욱[이] 아버님하고, 4개월 5개월 됐는데, 지쳐가지고 이렇게 앉아 있더라고요. 근데 제가 숨을 조금 쉴 수가 있어요. 그 전엔 숨도 못 쉬고 제가 다닌 거예요. 내가 [이제 활동을] 해야 된다 싶어 가지고 다니는데, 숨을 한번 이렇게 뻐끔 할[크게 쉴 수 있을] 정도로 힘이 온 거예요. 그래서 "힘드시죠…" 그랬더니 요한이 엄마가 하라고(웃음), 그래버린 거예요. 근데 그때 당시에 이렇게 숨을 쉴 수 없어서 내가 안 했는데, 숨을 이렇게 쉬고 있는데 요한이 엄마가 하라 하니까 거절을 못 하겠는 거예요. 내가 이 정도 숨을 쉬면은 해야 되겠구나 [싶어서 반 대표를 하게 된 거예요].

면담자　그게 언제쯤인가요?

요한 엄마　그때가 5월… 4월 달이죠, 4월 달. 15년? 16년, 16년. 16년 4월 달에 그렇게 결정이 나가지고.

면담자　2주기를 앞두고였나요?

요한 엄마　지나서죠. 그리고 나서 5월 달부터 제가 '다른 사람이, 일꾼이 도저히 다 힘들어하고 이제는 내가 해야 될 때가 왔나보다. 더 이상은 안 되겠구나' 해서 했더니 주위 사람들이 다 하라고[하더라고요]. 목사님도 그때 하루 하고 하루에 일정이 있으니까 올라왔거든요, 체육관에서. 그래서 "마무리 좀 졌으면 쓰겠다"고 그러더라고. 그래서 "알았다"고 [하고].

"3개월씩 돌아가면서 하자" 해가지고 이제 죽을 동 살 동 [하면서 반 대표 활동을 시작했는데] 5월 달이 되면서부터 일이 터지기 시작한 거예요, 잠자고 있던. 그렇게 헐렁하게 활동하다 그때부터 교실 문제가 터지기 시작하면서 9월 달까지 완전히 가버린 거야, 완전히. 계속 일이 있는데, 이거는 내 몸 추스를 때도 힘들었지만 이 활동할 때는 완전히 집에, 저도 개인적인 [일이] 있어 갖고 한 2주간밖에 나갔었다 왔는데, 집에 붙어서 편하게 잠을 자본 적이 없는 거야, 기억이 없는 거예요.

그 전에는 맨날 누워 있었던 기억이 있잖아요. 집에서 편하게 잠을 잤다 이 기억이 없는 거예요, 도대체 지나고 보니까. 근데 이제 아픔이 온 거죠, 갑상선[에 이상]이 오고. 힘들어서[도] 나가야 되니까 빈혈이 심해서 약을 먹을 정도까지 진단이 오고. 그래서 좀 다른 사람이 대타를 했는데, 또 마땅한 사람이 안 나오면서 계속 또 몇 달을 하게 되면서 이게 또 힘이 좀 생기면서.

결론은 뭐가 됐냐면 이제 놓으면 안 되겠다는 것이고. 왜냐면 이 위에서 상황을 보고 기도를 해야 되고, 또 일이 결정되어질 일이 올해가 많아요. 이 일을 갖다가 내가 보지 않고 기도를 하는 것보다 보고 기도하는 것이 훨씬 시간도 당길 수 있고 해결할 수 있는 저거가 되다 보니까, 목사님도 처음에는 3개월 지나서 "당신 이제 그만두라"고 했다가 대타가 없다 보니까 또 몇 달 하다 보니까 놓으면 안 되겠다는, 그게 지금[까지] 온 거예요.

중요한 일이 너무 많아서, 보고 [나서] 기도를 해야 되는데 내 앞에 다리를 한 다리를 또 건너면[건너서 전해 들으면] 답답한 거예요, 갑갑하고. 물어보면 또 시원시원하게 대답도 안 해주고, 어벙할 때도 있고. '이건 아니다' 싶어 가지고 내가 조금 잘 못 알아듣더라도, 때로는 너무 힘들어서 무슨 말을 해도 "이게 뭔 말이냐" 하는 게, 우리 유가족들도 그러한 경험이 있거든요, 너무 힘들어서. 그러긴 하는데 '이제는 안 되겠구나. 좀 더 가닥을 지을 때까지는 더 해야 되겠구나' 하면서 이제 '몸을 추슬러야 되겠다'. 활동하는 거를 다른 사람 가시라 하고 나는 좀 쉬고 중요한 데만 나가고 '좀 조절을 해야 되겠다'라는 마음으로 지금 있고요.

면담자   네. 혹시 도보 행진이나 자전거 행진 뭐 이런 거는 참여하셨나요?

요한 엄마   자전거는 뭐 근사치도 못 가고 도보는 했었죠. 여기서 광화문 걸어가는 거.

면담자   참사 100일 집회였나요?

요한 엄마   그거는 저가 기억이 안 나는데, 소복 입고 하얀 소복 입고 걸어가는 거였었는데, 수원에선가? 우리 사촌 오빠가 아팠었거든요, 돌아가셨다고. 저기 뭐야 장례를 우리 목사님한테 [해달라고 부탁이 왔어요]. 오빠가 교회를 안 다녔었어요, 애들만 다니고. 그래 가지고 부탁할 데가 없다고 그래서 우리 목사님한테 의뢰가 와 가지고 거기 빠져나가느라고 이렇게 중단을 시켜가지고 왔거든요. 그다음에 전국, 여기 안산에서 팽목항까지 가는 그 도보에, 천안 [구간 걸을] 때 갔어요, 천안. 그때 그렇게 많이 걸어보기는 처음이죠.

면담자　　　그때 어떠셨어요?

요한 엄마　　발목이 완전히 가고 발이, 발바닥이 가가지고 걸어는 가야겠는데 몸이 또 안 되는 거예요. 그래서 나 혼자 좀 떨어져가지고 "오, 하나님, 나 어떡해… 걸어야 되는데 어떡해" 이러면서 울기도 하는데, 음성에서 오신 어떤 분이 저 옆에 오시더니 동참하신다고 한 50대 되시는 아주머니 같았어요. 오시면서 발목이 아프면, 애들 베이비 그거 있잖아요, 땀띠 날 때 발라준 베이비 뭔데….

면담자　　　파우더요?

요한 엄마　　어, 파우더, 파우더. 파우더가 운동할 때나 걸을 때나 자기는 바르는데 너무 좋대요. 발목도 삘 때 저기 하고 [통증도 줄고] 그다음에 여기 막 땀이 차니까, 근데 막 찝찝하잖아요. 그래서 그게 좋다 그래서 이만큼 큰 걸 사 와가지고 오셨더라고. 그러면서 나한테 바르라 그러는 거야. 그래 가지고 그러냐고 그러면서 막 바르고, 기도하면서, 돌리고 이쪽 돌리고 "아버지, 어떻게 하든지 내가 이거를 도착을 해야 되는데 거기까지 못 가더래도 하루 작정하고 온 거는 해야 되는데" 하면서, 기도하면서 했더니 진짜 풀어지더라고요. 발목도 풀어지고 그 발가락도 건조하게 해놨으니까 찝

쩝하지 않고 너무 좋은 거예요. 그래 가지고 저도 조그만 거 하나 샀죠. 여기 막 습진이 생기고 그러면 저기 할라고[바르려고]. 그래 가지고 그걸 넘어갔어요. 나 진짜 거기서 중단하는, 못 가는 줄 알았어요. 몸 상태가 정상이 아니잖아요. 그 상태에서 발이 아프니까 못 가는[갈 뻔했는]데, 그 파우더 때문에 온전히 다 그날 일정을 마치고 돌아왔어요.

면담자   하루 걸으셨다는 거죠?

요한 엄마   네. 그러니까 천안 일대에 피알(PR)을 하는 거예요, 우리 세월호를.

면담자   그거 직후에 『금요일엔 돌아오렴』이 출간되었고 북 콘서트가 있었어요.

요한 엄마   그랬나요? 북 콘서트는 제가 몸이 아파서 누구 만나지도 못하고 하는데 그런 거를 못 했죠.

면담자   그때까지도 몸이 안 좋으셨나 보네요.

요한 엄마   네, 몸이 안 좋았고. 제가 인터뷰는 100일 때 되던 때 교회에서, [안산]빛나교회에서 [해서] 《국민일보》 반절마다[반면에 걸쳐] 이렇게 나왔어요. 거기서 인터뷰는 교회에서는 했죠.

면담자   100일 때요?

요한 엄마   응. 이렇게 밖에 나가서는 장시간을 못 해요. 근데 주님 믿는 데라, 주님 믿는 사람이라 교회는 편한 거예요, 제가. 그래서 교회로 오서가지고 인터뷰 그때 100일 때 될 때, 개인적으로는 큰 거였죠.

면담자   그때 1주기 앞두고 특별법 시행령에 대해서 폐기를 주장하는 농성들이 있었어요. 삭발식도 있었고요.

요한 엄마   저는 삭발을 안 했죠. 교회가 있다 보니까. 주일날 안 되잖아요. 그래서 삭발을 안 했는데 나중에, 목사님은 나중에… 목사님은 좀 하시라고 주위에서 그거를[권유를] 했나 봐요. 그래서 고민 고민하다가 나중에 며칠 지나서 개인적으로 이렇게, 완전 100프로는 아니고 쬐끔 있게 해가지고 개인적으로 한 번 하시더라고요, 목사님은. 저는 차마 여기[교회에서] 밥해야 되고 하는데 이렇게 하고 있으면 안 되잖아요. 그래서 못 하겠더라고. 안 했었어요, 저는.

면담자   그때 마음이 남다르실 것 같아요, 목사님도 하셨다고 하니까. 삭발식을 지켜보는 마음은 어떠셨나요?

요한 엄마   삭발은 정말 간절한 우리 유가족의 모습이었다고 봐요. 다른 행위도 다 간절하지만 이거는 내 머리를 깎을 정도의 그 애절함을 국민에게 호소하고 위에 정부에 호소하는 그러한, 몸을 해할 수는 없잖아요. '내가 이렇게 힘들다, 좀 해결해 달라' 몸을 해할 수는 없지만 순간적으로 몸 해하는 것도 죄거든요. 근데 삭발은 몸은 해치는 건 아니잖아요. 최대한의 극치로 보여줄 수 있는 게 삭발이었다고 봐요. '우리가 너무너무 가슴이 찢어집니다. 우리 좀 헤아려주세요' 하는 간절한 행위였다고 봐요, 삭발은.

요한 엄마 김금자

면담자   그 간절함과 억울함이 폭발했던 시기가 1주기 시행령 폐기 집회였겠네요. 그때 집회가 점점 커졌고 시민 참여도 많았고 연행도 있었고 캡사이신 물대포도 있었어요. 그때 기억이 혹시 있으신가요?

요한 엄마   5월 1일 날, 1박 2일. 그때 5월 1일 날 저도 거기를 갔었는데요. 저도 캡사이신을 마시면서[맞으면서] '아, 이러면 죽는구나' 그걸 알았어요. 제가 봤어요. 캡사이신을 어떻게 쏘는가 봤는데, 쏘면 직접적으로 쏴요. 이렇게 [주변으로] 쏘는 것도 아니고… 직접적으로 쏘니까 저지하는 입장에서 좀 약하게 이렇게 하는 것도 아니고. 그리고 잘못됐죠(한숨).

이게 폭동도 아니고 폭력을 일으키는 것도 아니고 순수한 시민의 마음을 알아달라는 시위이잖아요. 그런데 그걸 [강경 진압을] 한다는 자체부터 저는 잘못됐다고 봐요. 완전히 집중적으로 여기 몇 분 여기 몇 분[에게 살수했는데], 근데 얼마나 센지요. 이 물결이 최악 그런다고, 수돗물 틀면은 이렇게 촥 나오듯이 촥 가고 이거를 안 맞은 사람이 없을 정도로. 처음에 기자들한테도 뿌린 것 같더라고요. 위에 있는 기자들한테도 뿌렸던 것 같고 그다음에 안 맞은 사람이 없을 정도로 골고루 때리는데, 집중적이고 정확하게 세게. 그날따라 제가 앉으려고 가져갔던 비닐 같은 게 있었어요. 핸드백에 넣어갔어요. 저는 그 물대포 할지도 모르고 앉을 거를 가져갔는데, 우리 유가족이 서 있는데 이게 [물대포가] 오는 거예요. 그래서 제가 잽싸게 꺼내가지고 머리를 딱 덮었어요.

우리 위원장도 이렇게 쳐다보더라고. 이러면 안 된다고 그래서 도로 입고 일단 "우리 대치할 건 대치합시다" 하고 딱 막았어요. 막 았더니 그나마도 우리는 산 거죠. 몇 명은 이렇게 [막을 수 있게] 해 놨어. 그런데도 불구하고 흘러내려 오는 그것이[캡사이신] 가루들이 있잖아요. 우리가 막 덮고 있었지만 위에만 그렇기 때문에 가루들이 오는데 숨이 막혀서 죽을 것 같은, '여기서 숨을 못 쉬면 매워 가지고 죽는구나' 그 극치까지 제가 왔어요. '정부가 못됐구나' 저는 그걸 느꼈어요. 그래 가지고 옷 다 젖고, 그냥 온 사람들[에게] 그때 집중적으로 했으니, 그리고 아팠을 거란 생각이 들어요. '이게[물대 포가] 세니까 아팠을 거다', 저는 이걸로 막았지만. '정부가 정말 잘 못됐구나' 이런 생각을 했었고, '와서 해명을 해야지 어떻게 우리를 감금해 가지고 이렇게 쏘고 이러나' [싫었어요].

그리고 처음에는 대학생들이 앞장을 섰었어요. 제 마음에 우리 대학생들도 성인이지만 보호해야 될 미래의 청년들이잖아요. 저는 그랬어요. '저 앞자리 왜 대학생들이 가냐', 애들이 [캡사이신을] 쏘 는데 막 이렇게 하는데 볼 수가 없는 거예요. 제가 기성인으로서 '이건 아니다. 저 앞자리는 우리가 가야 돼, 저 어린애들이 인생을 살아봤으면 얼마나 아는데, 저 물대포를 저렇게 맞고 있어야 돼? 안 돼. 쟤들은 그래도 보호받아야 돼' 하고 '유가족이 앞장서야 돼. 우리가 가야지, 우리 자식 잃은 엄마들이 가서 저들을 대치해야지 왜 우리 대학생들이 [앞장서냐]'.

너무너무 이쁘드라고 [대학생] 애들이. 우리를 엄마, 아빠라고 하면서 이렇게 하는데 그 모습을 보고 '아니야' 그래서 우리 유가족들이 간 거예요, 앞으로. 그래서 우리가 최전선으로 선 거예요. 저뿐 아니라 다른 사람도 그 말을 했다 그러더라고. "아니야, 우리가 먼저 서야 돼. 너무나 가슴이 아파, 우리 애들도 아팠는데 쟤들까지 아니야. 우리가 그나마도 보호해야 될 미래의 기성인들 아니야. 쟤들이 살아봤으면 얼마나 살아봤어".

그렇게 하고 또 2주기 때 [시민들이] 헌화하겠다는데 정부에서 막는데, 나는 태어나서 진짜 웃긴 나라라고 생각을 했어요. '아, 지금 무슨 이런 나라가 다 있지?' 시청 광장에서 집회를 하고 일률적으로 서가지고 헌화하러 갔단 말이에요. 애들 생각해서 갔는데 경찰들이 많은 건, '이게 무슨 나라야?' 나 깜짝 놀랬어요, 우리나라 보고. '이게 뭐지 도대체? 우리나라 민주국가 맞아? 이게 뭐냐?' 그랬더니 그 난리를 친 거예요. 사람들이, 그 많은 중·고등학생들도 누가 뭐 시켜서 왔겠어? 자기네들이 다 왔죠. 우리가 오라고 선동을 했어요, 뭘 했어요.

그 많은 사람들이 와가지고 추모를 하고 국화꽃 하나 주고, 애들한테 추모하겠다는데 그걸 정부가 막아요. 있을 수 없는 일을 나라에서 하는 거예요. '이게 뭐야, 도대체 무슨 사고방식으로 나라를 운영하고 있는 거야?' 저 개인적으로 생각을 하고 있어요. '어머!' 그렇게 생각을 했었어요. 희한하더라고요. '도대체 이게 뭐야' 사람들 다 놀랬을 거예요. 헌화를 막으리라고는 생각도 못 했어요. 근데 이미 그 근처에 오니까 경찰들이 막, '어머 이게 웬일이야'.

119

2회차

그때 새벽 5시까지, 저도 새벽 5시까지, 토요일이었으니까, 그때 아마 토요일인가 그랬을 거예요. 5시에 예배를 드렸어야 됐나 뭔 이유로 저는 5시에 새벽에 택시 타고 몇 명이랑 정말 뭐 일이 있는 사람들, 가야 될 사람들이지. [택시] 몇 대를 해서 [돌아]왔단 말이에요. 그 추위에 달달 떨면서, 슬라바 엄마는 얼었더라고 얼었어. 근데 저는 일정이 있어서 오지만은 그 사람은 안 챙겨왔다는 게 지금까지도 미안한 거예요. 더더구나 우리나라 사람도 아니잖아요, 슬라바는. 그래 가지고 내가 얼마 전에 미안하다고 얘기 좀 해달라 그랬다니까. 슬라바 엄마는 우리가 통화 잘 못 하지만 아빠는 한국 사람이니까 꼭 좀 전해달라고, 내가 미안했다고⋯. 같이 가자고 해 갖고 와야 되는데, 늦게서야 오긴 왔더라고요. 어디서 활동하다가 잡혀가지고 했는지, 근데 몸이 조그만데 전부가 달달 이렇게 떨고 있는 거야, 그래서 앉혀놓고 안으로 [들였어요]. 그리고 나도 조금 있다가 가야 되겠다 싶어 가지고, 갈 사람 [같이] 해서 이제 나온 거였는데, [슬라바 엄마에게] 얘기를 안 한 거예요. 남편이랑 왔는지 어쩐지도 모르니까. 갑자기 온 지가 얼마 안 돼가지고, 그랬었고.

몇 달 이후로는 거의 참석을 했어요. 홍대에서 걸어가는 거, 거의 큰 행사는 거의 참석을 했죠. 안 하면 안 되겠다는 마음이 왔죠. 몸이 안 돼서는 못 했지만 몸이 될 때는 했고, 반 대표 되면서는 열성적으로, 왜냐면 대표니까.

참석은 거의 했는데 딱 이거예요. '이게 나라냐. 이게 나라냐' 속으로 그렇게 생각했는데 남들도 그렇게 하다 보니까 진짜 '이게 나라야' 할 정도로 그런 상황이 와 있었지요. '이게 나라냐?' 했으면 '이게 나라다'가 답이잖아요. 이걸 찾기 위해서 행동을 해야 되는 거예요. 가장 궁극적인 거는 우리 아이들이 이 모습을, 우리나라의 잘못된 모습을 보여줬고 그 숙제를 우리가 안은 거죠. 다른 사람들은 직접적인 영향이 없기 때문에 그 좀 먼발치로 아니면 때로는 가까이 있을 수 있겠지만, 핵심은 우리가 가장 가까이 느낀 이 문제에, 해결의 첫 번째 와 있어야 되는 그런 위치에 [유가족들이] 와 있는 거예요. 왜냐면 내 자식이 이 병폐 땜에 희생을 당했기 때문에 숙제를 풀 자가 누구냐? 우리라는 거죠. 우리면서 국민들이 같이 가야 되는, 누군가는 앞에 가 있어야 되잖아요. 근데 그 앞에 가 있어야 될 사람들이 유가족이라는 거죠. 그 일을 지금까지 해온 거예요.

처음에는 과도기가 있었죠. 왜냐면은 우리가 너무 힘이 드는데, 우리가 그 일을 하고 있는 거야. 왜냐면 [정부가] 안 해주니까. 그러니까 누가 뛰어들었냐, 그 자리에 유가족이 들어간 거예요. '안 되겠구나. 이거 안 되겠네' 그러니까 최전선으로 간 게 유가족이에요. 해결해 줘야 할 정부의 기관들이 안 해주니까 우리가 1000번 [피켓을] 들어서 그 위치를 알리고 행동하고 나갈 수밖에 없는 [거죠]. 처음에는 갈등이 많았죠, 저도 마찬가지고(한숨). 너무 이렇게 힘든데.

그니깐은 내가 국민들한테 고마운 게, 저는 이걸[반찬거리 하나도] 사러 갈 수도 없어요. 이미 몸과 정신적인 게 계속 이거 사러 갈

힘도 없는데, 제가 칭찬한 거는 시에서 물품을 갖다주고 그거는 고
맙다고 그랬어요. 다른 거는 모르겠지만 필요한 물품을 이렇게 적
기만 하면은 갖다줘요, 시에서. 그거를 정말 잘했다고. "어떻게 아
셨어요?" 반찬 하나 못 할 정도로, 이거 하나 사러 갈 힘도 없는데
정말 이건 잘하신 거라고 [말씀드렸어요]. 그러한 그 따뜻한 손길을
통해서 우리가 점차적으로 [힘을 얻었어요]. 저는 가장 첫째 주님을
붙들고 일어났고, 남들은 사람을 붙든다는데 저는 원래 주님 먼저
붙들고 사람을 봐요. 그게 믿음인데, 그래서 보아서 행동하면서,
사람들을 보면서 같이하고 이러는 거거든요. 그 일[반찬 및 도시락
지원]은 정말 치하할 문제예요, 치하할 문제. 그거는 정말 잘해주셔
서 그나마도 뭐를 조금 먹고, 당기지는 않았지만 뭘 먹었는지 먹기
는 먹었을 거 아니에요, 내가 움직이지 안 했어도. 그렇게 해서 일
어난 거는 정말 감사하게 생각하고.

5
동거차도에서의 인양 감시 활동

면담자 동거차도 말씀하셨잖아요. 동거차도가 15년 9월부
터 감시단 활동이 시작되거든요. 어머님은 그때 갔다 오신 건가요?

요한 엄마 네, 거기 갔죠. 초창기에는 4반 때 목사님이 하면서,
목사님이니까 장기간은 못 있어도 2박 3일은 개인적으로 따로 가

서 같이 있다가 오신 다음에, 당신도 가봐야 되고 유가족들은 가봐야 할 곳이라고 그렇게 말씀을 해주셨고, 또 우리 4반 식구들도 갔다 오신 분들은 그렇게 얘기를 하셨고. 그래서 언젠가는 정말 내 몸은 갈 수 없지만 가야 되겠다 해서 4반 대표하면서 가게 됐죠. 갈 사람이 없는 거예요. 그러면 누가 뛰어야 돼? 제가 뛰어야 돼. 주일 때문에 안 갔고, 나중에는 그도 저도 안 되니까 "하나님, 어떻게 할까요?" 그러니[까], 목사님도 거기 있는 교회를 당신이 가더래도, 여기서 밥을 못 해주는 한이 있더래도 당신이 대표니까 책임을 져야 되니까 가보라고 해서 승낙을 받고. 목사님이 승낙을 안 하면 갈 수 없었죠, 근데 목사님이 예의가 있어 가지고 승낙을 해주고. 또 다음번에도 갈 사람이 없어서 제가 두 번을, 세 번, 합이 세 번을 갔다 왔는데요.

면담자   그게 참사 이후로 진도를 처음 가신 거죠?

요한 엄마   진도는 요한이 땜에 처음 갔죠. 난 그때 말만 들었지, 진도를.

면담자   그러고 요한이 데리고 올라오시고, 동거차도 가실 때까지 다시 가실 일이 없었나요?

요한 엄마   진도, 진도… 그 전에도 갔죠. 미수습자 때문에 갔죠. 목사님도 여러 번 갔다 오셨고. 저도 더더군다나 믿는 집사님, 권사님이랑 [있지만] 그걸 떠나서, 그 사람들이 아프잖아요, 그래서 제가 시간을 내서 갈 수 있는 한 갔다 왔어요.

면담자   교회일로 어려우신 상황에서도 많이 애쓰셨네요.

요한 엄마   네, 차 타고도 갔을 수도 있고 아무튼 제가 등한시는 하지 않았어요. 항상 갔다 오고 했었어요, 자주는 아니지만.

면담자   유가족분들이 계속 미수습자 가족분들이랑 소통하면서 지내셨네요.

요한 엄마   그때도 했죠, 왜냐면 그들의 아픔이 우리들의 아픔이니까. 그러니까는 그들은 더 아프지만 우리들도 같은 입장이니까. 희생자들의 부모니까. 같이 도와주려고 한 사람들도 나 아닌 다른 사람들도 있었죠. 소통하고 돌고 이렇게 장기간이 되다 보니까 이제 그들만 있게 되게 됐는데, 근데도 가시는 분들은 가요, 지금도 생각해 주고. 그들의 아픔이 우리들의 아픔과 똑같아요.

면담자   동거차도에 미수습자 가족분들은 안 가셨죠?

요한 엄마   안 가죠. 아니, 초창기에 우리 못 갈 때는 갔다 왔다고 그러더라고. 다급하니까 우리는 몰랐을 때에 이미 갔다 오고 거기 상황을 다 알고 있었다고 얘기를 하더라고. 나중에 갔다 와서 얘기하니까 자기네들은 이미 다 가서 보고 [하더라고요]. 기후가 그렇게 자주 변하는지는 처음 봤어. 우리나라 기후가 그렇게 자주 변하는 곳이 있는 거라는 거는 처음 봤어요. 그랬더니 맨날 기도부터 한 게 그거였대. 지금 우리 사태가 특별법이 제정이 되냐 안 되냐 그거를 놓고 씨름하고 있었던 때라 그 배 [인양]에 관심은, 그건 정부가 할 일이라고 생각을 했던 거예요, [동거차도에] 왔다 갔다는 했지만. 그런데 실질적으로는 그렇게 기후가[날씨 변화가] 심한 곳이 있는 곳이라는 거는 그때서 처음 알았죠. 안개가 꼈다 없어졌다 바람이 불었다 안 불었다 비가 왔다 [그쳤다]. 여름인데요, 무슨 우리나라인데도 그런 데가 있더라고요, 세상에. 여름에 더더구나 [심하죠]. 그때 이후로 이렇게 갔다 왔었고. 아무나 있을 수 없는 곳이야. 일주일 동안 있는다는 거는 쉬운 일이 아니에요, 진짜. 가장 열악한, 생활이 안 돼, 생활이. 물도 없고 화장실도 편히 그러고[쓸 수 없고]. 저도 시골에서 살았지만 시골에서 살 때는 아무것도 모르고 산 거예요, 왜냐면 이게 적응이 되니까. 근데 이미 도시화된 사람이 있을라니까 이게 장난이 아닌 거예요, 정말 못 있겠을 정도로 그렇게 힘든, 50년대 60년대 이 정도의 삶이니까.

저도 그런 산등성이에 잠을 자니까 잠을 제대로 편하게 잘 수가 없는 거예요. 산등성이라 안락하지가 않은 거예요. 마음도 불편하고, 완전 초긴장이지 24시간 초긴장. 그리고 또 몇 명이 안 가다 보니까, 보안적인 것 때문에도 잠도 자는지 마는지 눈은 감고 있는데 피곤해서 자긴 자는데 항상 긴장되어 있는, 더더군다나 여자라 그럴지도 모르겠어요. 둘이 있으면 괜찮은데 혼자 잘 때 따로 떨어지는 남자 방, 여자 방 [있는데], 굉장히 그 쉬운 일이 아니에요, 그런 일은. 가장 고생하는 게 동거차도[였어요].

면담자   동거차도를 왜 가는지, 동거차도에서 어떤 활동을 하시는 건지 설명을 해주시겠어요?

요한 엄마   동거차도는, [정부가] 이때까지 믿거라 하고, 나도 또 정부가 믿거라 한 대로 [있었지만 정부가 제대로] 행동을 안 해서 이제는 못 믿어. 정부를 못 믿으니까 우리가 감시한 거야. 핵심은 "잘해, 제발 좀 잘 좀 해. 인양 좀 잘해". 그냥 잘하겠지 하고 놔두면 아니니까, 믿어서는 안 된다는 거를 알게 된 다음부터는 보초를 선 거죠 보초, 한마디로. 제대로는 안 보이지만 "우리가 이렇게 관심을 갖고 있으니까 똑바로 해" 이거거든요. 그거라도 안 했으면은 우리가 할 말이 없는 거죠. [정부에] "지금 뭐 하고 있어요?"라고만 물어봐야 돼요. 옛날 요한이랑, 애들 놔두고 "구해주세요" 하는 거 하고 똑같애요. 그치만 [감시 활동을 하면서] 한 발짝을 더 나아가지고 "일 안 하네요, 지금 뭐 해요? 지금 올라오는 게 이게 뭐예요?"라고 물어볼 수 있는 그런 [의미가 있죠]. 그리고 얘기를 하는 거죠, "일 안 하네, 얼마 동안" 그리고 "맨날 밤에만 일하네, 밤에만 탁탁 일하네" 뭐 이런 거. 그러고 낮에는 있어봤지만 뭐를 안 나르는 것 같애. 뭐를 안 하는 거 같애. 우리 왔을 때는, 다른 때도 마찬가지지만 밤에는 뭐를 열나게 탁탁 하면서 아주 신나게 뭐를 하는데, 그렇게 신나게 낮에는 별로 안 하거든. 밤에만 많이 했던 것 같애요, 툭탁툭탁툭탁 무슨 소리를 그렇게 내면서. 그러니까 "밤에만 일 한다" 그런 말이 나오는 [거지].

면담자   소리도 크게 들려요?

요한 엄마   밤이라 그러죠. 근데 낮에 그렇게 안 한다는 거죠,

126

요한 엄마 김금자

중요한 거는. "밤에 증거 인멸하려고 그러느냐" 이런 말이 나올 정
도로, 아주. 낮에 하면 좋잖아요, 다 보이니까. 근데 그렇게 일을
하니까 자꾸 의심이 들 정도로, '도대체 뭐 하지 밤에?'

면담자   의견을 전달할 통로는 있나요?

요한 엄마   동수 아빠한테 하면 동수 아빠가 장기옥[해수부 세월
호후속대책추진단 과장] 씨한테 물어보는 거예요. 그러면 아무래도
[그분은] 해수부에서 있잖아요. 그러면 이제 "이래서 그렇다, 저래서
저런다". 자기네가 어쨌든 [먼저] 얘기해 주진 않고 우리가 보고 "도
대체 뭐 하는 거냐?" 그렇게 물어봐야 그때서 답을 주는 거예요.

면담자   밤에 하는 거에 대해서는 뭐라고 답변이 있나요?

요한 엄마   답변이 없었던 것 같아요. "왜 밤에만 이렇게 많이
하냐"고 말을 했는데도 그냥 소조기 때 뭐 때 [때문이라고] 얘기를
하지, 다른 뭐 얘기는 안 하는 것 같고. 우리가 가장 원하는 거는
발맞추는 거예요. 정부, 여기 기관[상하이샐비지] 그다음에 우리 해
가지고, 같이 알려가지고 일하는 것도 보고 제대로 하는가 이렇게
좀 보고 공유하자는데, 여기[상하이샐비지]서는 자기네 기술 오픈된
다 해가지고 안 한 거예요.

그럼 일이라도 제대로 해야 되잖아. "오픈 안 한다" 거기까진
좋아. 그러면 보고는 해줘야죠. 지금 어떤 상황이고 어떤 난관에
있고 그래서 지연되고 이런 것들이 수시로 [보고가] 돼줘야, 어려운
상황 있으면 정부한테도 "지금 뭐가 잘못됐으니까 뭐가 어려우니

까 지원 좀 해주십쇼"라는 그런 조달을 해야 되는데, 자기네만 하는 거예요, 계속. 그러다 보니까 지금 이렇게 [인양이] 지연이 됐잖아요. 굉장히 문제가 많아요, 인양. 해도 진작에 했어야 돼, 하고도 남는 건데.

설명회를 했는데 제가 갔잖아요. 해수부하고 상하이샐비지 하고 국회하고 우리 유가족하고 이렇게 관심 있는 사람들 해가지고 했는데, 우리가 생각했던 대로 해놨더라는 거죠. 처음부터 [준비가] 미비했고 처음부터 주먹구구였고[라는 사실이] 이게 막 올라오는 거예요. "난관을 겪어서 시간이 걸렸다"[고 보고하고] 그러면 같이 했으면, 시간도 당기고 해가지고 공유를 해서. 우리가 공유를 하면 국민들하고 같이 공유를 하는 거죠, 우리가 얘기를 하니까. 근데 다 차단을 하고 자기네들끼리만 하다 보니까 문제가 많았다는 거지.

전 아니었던 것 같아요. 처음부터 제대로 하지 않았던 것 같아요. 왜 문제였느냐, 제가 목소리 높여서 얘기할 수 있는, 우리가 [요구하는] 진상 규명의 첫째는 인양이에요. 인양인데, 여기를 가지 못하는 이유는 여기가[유가족 활동이 특별]법이 최고를 하고 있기 때문에. 이거를[특별법을] 제대로 해놔야 진상 규명이 되기 때문에 특별법을 제정하니 뭐 하니 하면서 행사를 여기서 [집중]했던 거지. 실질적으로는 인양 쪽에 [동력을] 몰아야 되거든요. 그런데 여기는 [인양을] 해줄 줄 알았던 거야. 자기네가 다 차단하고 하겠다고 하니까 해줄 줄 알았는데 계속 이렇게 미루고 하다 보니까 결론은 안 된 거야, 우리가 생각했던 대로. 정부가 여태까지 우리한테 했던 그 모습 그대로 인양을 하고 있는 거예요. 제대로 안 한다는 거죠.

　제 생각에도 사업주[인 해수부]가 상하이샐비지와 일을 추진할 때는, 내가 이만큼 견적을 냈을 때는 이미 파악을 했어야 돼요. 어떤 게 어렵고 뭐가 문제 있고 그러니까 돈이 얼마 들고 실력이 있는지 없는지, [하지만 파악을] 안 했다는 거예요. 제가 봤을 때 기술력이 부진하고, 노골적으로 얘기할게요. 나라에서 지연시키고 있는 그런 느낌이 와요, 지연시키고 있는. '제대로 인양을 해야 되겠다'고 몰입을 해서 최선을 다해서 도와주는 게 아니라 질질 끈 거야. 내년에 가면 이게 어떤 모습으로 변할지 모르는데, 아니 올해. 제가 느낀 건 그거예요 개인적으로, 나라에서 지연시키는 것 같은 느낌이 들고, 기술력은 모자라고. 기술력이 모자라, 내가 보기에. 그럼 모자라면은 빨리빨리 조치를 하고 해결을 해야 되는데 질질 끄는 거야. 그러니까 이게 딱 같이… 세트죠, 세트. 노골적인 저의 의견이에요. 제가 느낀 거는, 우리 아이들을 구조 안 했던 것처럼 인양 또한 그러고 있다는 거예요. 그런 느낌이 오지만 '그래도 잘하겠지', 조금은 믿어주고 싶고 믿어보려고 했고 물론 여기까지 신경을 못 쓰고 있는 그 마음도 사실은 있지만.

　앞으로는 [가족 활동의 동력을] 해수부[가 하고 있는 인양] 쪽에 몰입을 해야 되는 그런 그 시점이 온 것 같아요. 이제는 어느 정도 저기 하고[몰입해서], 여기도 가만히 있다가 완전히 인양을 못 하게 되기 전에 우리가 가만히 있으면 안 되는 그런 입장에 와 있는 거 같아요. [어떻게] 인양까지 그렇게 힘들게 하냐, 애들 구조도 안 하더니…. 빨리 솔선수범해서 "도와줄 게 뭐냐, 뭐가 부족하냐" 하고 [물어야죠]. 지금까지 결과를 보면은, [인양에] 힘을 제대로 안 하고[쏠고] 있는 것 같아요. 큰일이죠, 큰일.

우리 대한민국에 역사가 갈릴 문제예요. 이 문제를 잘해야 다음에 정말 정부가 [다시는] 이러한 일을 행하지 못하도록 막아야 되는데, 여기서 증거 인멸해 버리면 무엇 땜에 침몰했는지 뭐 했는지, 다른 것으로는 어느 정도 나오고 있지만, 정말 100프로의 저거는[진실은] 알 수가 없는 거죠, 힘들다는 거죠. 근사치가 왔으면 좋겠지만, 일단은 인양이 돼야 되고, 애들이 또 있고 남아 있고 하니까 이유를 불문하고 인양이 돼야 돼요.

근데 지금 굉장히 미심쩍은 마음이 들어요. 지금까지의 상황으로 봤을 때 가만히 있으면 안 된다는, 저는 개인적인 강한 [생각이들어요]. 인양에 관심이 쏠리고 있는 [상황이니] 여기는[특별법 투쟁은] 어느 정도 이제 더 추진하고 좀 저기 하면 될 것 같고, '지금 제일 할 일은 인양에 몰입해야 된다', '큰일 나겠다, 가만히 있으면'. [인양 방법은] 그건 좀 어느 정도 해놨으니까 그 어려운 부분만 조종할 수 있는 다른 업체도 할래면 해야 되고, 돈하고는 상관이 없죠. 어떻게, 어떻게(한숨). 참 그죠…, 내가 생각했던 대로 정부가 난감하게 하네요.

제 솔직한 주장이라면, 제대로 할 수 있는 곳을 [업체로] 선정했어야 되고, 돈이 좀 들더래도. 어차피 지나간 과거니까 다음엔 이런 일 없도록 제대로 좀 더 열심히 [해야죠]. 내가 정부의 사람이라면 과연 제가 그렇게 했을까요? 저는 그렇게 안 했을 것 같아요. "돈 들더라도 우리 제대로 하자, 너무 아프지 않냐", 목소리를 내서 그렇게 했었어야 된다고 봐요. 진짜 잘못된 선택이었다고 봅니다.

잘못됐다면 지금이라도 어떤 최상책을 내놔야 되는데 정부기관이 또 6개월 동안 계약을 했니 또 이러고 있어요. 참… 정말 갑갑하네, 정부가 갑갑해요. 우리 이런 시민들이 보고 국민이 봤을 때도 저런데 어떻게 정치를 이렇게 하지…. 참 난감하네요, 난감해.

6
교실 존치 문제

면담자　　　인양 문제는 지속적으로 문제가 되어왔고요. 지금 어머님이 중요한 문제라고 보시는 게 교실 문제도 있는 거죠?

요한 엄마　　　교실 문제가 처음부터 나왔던 얘기는 아니고요. 원래 졸업하면 내줘야 되는 게 그 이치잖아요. 근데 애들이 졸업하지 못하고 희생을 당하고 그랬었기 때문에 우리 아이들이 있었던 곳, 공부했던 곳이라고 이렇게 생각을 했었는데, 그거를 남기지 안 하고 그렇게 나온 것 같아. 제 의견은 아니고 다른 분들의 의견에 의해서 교실 존치 문제로 계속 나왔었고.

그런데 저 개인적인 입장은 그래요. "우리 아이들이 희생이 됐는데 왜 우리 아이들이 또 욕을 먹어야 되느냐, 난 싫다". 유가족이라서 다 같은 의향은 아니에요. 존치를 원하는 사람도 많이 있지만 저는 개인적으로 기도하면서 느낀 것은 '그렇지 않아도 희생된 우리 아이들에게 미안하고 너무너무 저기 한 애들인데 죽어서까지 왜 교실 존치로 인해가지고 남들한테 욕을 먹어. 난 싫다' 그랬어.

좋은 영향력을 끼쳐줘야지, 우리 아이들로 인해서 그 앞날이 환해지는 우리나라 대한민국에 살면 되고, 그 학교가 되고, [후배] 애들이 돼야 되는데, 교실 존치했다고 내내 졸업생들한테 후배들 한테 욕먹을 거 아니에요, 그리고 시민들한테, [교실 존치를] 옹호하는 사람은 상관없겠지만 반대하는 세력들한테, 사람들한테. 나는 "이거는 아니다" 솔직히 그래서 저는, 제 개인적인 의견은 그렇게 했지만 소리를 높일 수가 없었어요. 왜냐면 많은 사람들이 존치를 원했었기 때문에, 내 의견일 뿐이었던 거죠.

그리고 좀 더 좋은, 우리 애들이 욕을 먹지 않고 "엄마, 우리 선배들이 이렇게 훌륭한 선배들이었어"라고, 정말 "이 희생이 있었기에 이 나라의 병폐를 알았고, 정의로운 민주국가가 이루어졌어"라는, 핵심적인 일을 담당하는 그 희생자들이 돼야 되는데, "욕먹는 희생자는 솔직히 말하면 싫다" 그랬어요. 개인적으로 싫다고 얘기를 했었고, 그것이 이제 아물어지기까지는 시간이 걸렸죠, [교실 존치로] 전체적인 의견이 모일 때까지.

그런데 간혹 얘기를 했죠. "우리 애들이 왜 욕을 먹어야 돼, 이 교실로 인해가지고. 싫다는데 왜", [재학생 부모들이] 좋다고 하면 했 겠죠. "싫다는데 왜 해. 다 싫다고 하는데, 저렇게 나가라고 하는데. 그럼 나가면 되지 왜 우리 애들이 희생까지 했으면 됐지, 왜 욕까지 먹어야 되느냐. 난 싫다, 솔직히" 그런 의견을 냈었고. 결론은 제적처리 때문에 [문제가 됐죠]. 제 개인적인 의견은 제가 이제 장학사님하고 교감선생님한테도 말씀드렸지만.

면담자　　　직접 말씀드린 거예요?

요한 엄마　　　말씀드렸죠. 제가 그분들 앞에서 말하리라고 생각을 못 했어요, 단지 기도하고만 있었을 뿐이죠. 제가 금식하면서 기도했는데 하나님이 힘을 주셔서 [장학사와 단원고 교감선생님에게 제가] 얘기를 했어요. 아무리 법이 그렇다 할지라도, [그분들은 제적처리 문제가] 법 땜에 그렇게 했다 그러더라고요. 제가 "이 사태가 어떤 사탠데 저희들한테 말씀 한번 안 하고 이러실 수는 없는 거죠. 아무리 법이 맞다고 할지라도 '법이 이러니까 우리가 이런 행동을 취해야 되겠습니다' 하는 말씀 한번이라도 해주셨어야죠. 법이 어떻다고 하든지 뭐 하든지 말씀 한번 안 하신 건 잘못하신 것입니다" [라고 했어요]. 누가 했는지는 모르겠지만 꼿꼿하게[떳떳하게] 밝히지를 않으니까.

　　그래서 "정말 이러시면 안 되죠" 이렇게 노골적으로 얘기하면 그분들한테 저기 하겠지만 "이 아픔을 갖고 있는 사람들한테 지금 [교실 존치에 대한] 논의 작업도 못 하고 애들도 어찌 못 한 상태에서 이러시면 안 되죠" 그러면서 얘기를 했어요. "아무리 법이 그렇다 할지라도 지금 상황을 보십시오. 저희들의 눈높이에 맞춰야 됩니

다". "저희들을 보시라"고, "어쩜 이럴 수가 있느냐"고. "저는 기도
하는 사람이라 기도로 풀지, 하나님께 기도하고 울고 그러지만, 저
사람들한테 뭐라 하지 말라"고, "저렇게 울부짖는 사람들한테".
"[다들] 표현하는 방법이 다 다르다"고 "제발 그러시지 말라"고 얘기
를 했어요. 가장 시급한 게 제적처리 그거 무산시키는 거 하고 "회
귀를 해달라[원상으로 되돌려 달라]. 그게 제일 시급한 문제다"[는] 의
견을 말씀을 다 드렸죠.

밑에 사람이 일을 못하면 위에 사람이 책임져야 되는 거 아니
냐고, 위에 있는 게 괜히 위에 있는 게 아니지 않느냐고. "내 아랫
사람이 일을 못하면 위에 사람이 나와야죠. 교육감님 오셔야죠",
그렇게 강하게 했어요. 그래도 감사하게도 그다음 날 바로 오셔서
수습을 해주셨고, 최대한 빨리 해주셨고.

제 의견은 물론 유가족들도 같은 마음이지만, [재학생] 아이들한
테 그때가 방학 기간이었을 거예요, 봄 방학. "수업하는 애들한테
지장은 없어야 된다, 그 애들은" 그것까지 말씀드렸죠, 장학사 선
생님한테도. "이런 모습을 학교 수업하는데 보여주면 안 된다. 애
들은 학교가 보호해야 되고 부모들이 보호해야 되는 청소년들이
다. 미성년자들이다" 그런 얘기를 했었죠. 그래서 그 얘기까지 말
씀드렸었고, 또 충분히 교육감님이 시간을 내서 다음 날 와서 수습
을 하셨고 그렇게 해서 잘 마무리됐던 것 같아요.

면담자   그리고 법원에서 재판이 계속 진행됐죠.

요한 엄마   법원은 처음에 못 갔어요, 아파서 누워 있었기 때문에. 몸이 좀 좋아지면서 광주를 가기 시작했어요. 그런데 처음에도 그 재판관님이 우리들 말로 "정부 편의 사람이 아니냐" 이런 말을 오고 갔는데, 저는 그 문제를 해결해야 되는 믿는 자로서의 그러한 책임감을 가지고 기도하면서 첫 번째 갔었고, 두 번째 [갔을 때는] 제대로 말씀을 저기 해가지고[하지 않아서] 난리 났었어요. 두 번째 난리 났었고 "똑바로 해라"고.

어떤 결정은 아닌데 말하는 과정 중에서 우리 유가족이 보기에 조금 분노할 정도로 그러한 재판 과정이 있었어요. 저는 생명을 다해서 기도하면서 갔어야 했고, 또 마지막 결판[결심공판]이 있을 때가 가장 중요하잖아요. 그러면서 계속 기도하면서 갔는데, 결론은 재판관이 우리의 목소리를 들어줬고 정말 바르게 잘해줬어요. "해경이 구조를 안 했다"로 결정이 났어요. 그거는 정부 책임이라고 본 하나의 단서가 된 거죠, "정부 책임이다".

정말 훌륭하신 분이에요. 내가 보기에 지금도 드러난 얘기지만 압박도 있었을 것이고, 어떠한 저거도[외압도] 있었을 것이라고 봐요. 그럼에도 불구하고 그분은 바르게 판결을 해주셨어요. 근데 나중에 인사 조치가 됐다더라고요. 그런데 제가 말씀드리고 싶은 것은, 그분을 언젠가는 일이 해결되면은[진상 규명이 되면], 어떻게 된 건지 [밝혀서] 잘못 해고가 당했다면 "다시 그 자리에 올라와야 되는 분 아니냐" 하고 의견을 내[야 한다]고, 제가 나름대로 지금 생각을 하고 있어요. 그분은 반드시 복직이 돼야 될 분이라고 생각을 해요.

왜? 바른 말을 했는데 왜 피해를 당해야 돼요, 민주국가에서. 그건 아니잖아요. 그 사람이 잘못 판단했을 때는 잘못된 사람인 게 맞지만, 바른 거를 얘기를 했는데 인사 조치가 돼요? 이건 아니죠. 하여튼 반드시 그걸, 제 마음 속에 가지고 있어요. 아직까지는 마음만 먹고 있고요. 언젠가는 문제가 잘 해결되고 나서 말씀을 드리고 싶은, 해결해야 될 문제 중에 한 분이라고 본 거예요. 그래서 너무나 감사했어요.

8
간담회

면담자　　　간담회도 많이 참석하셨는지요?

요한 엄마　　　처음에 간담회는 제가 몸이 안 되고 힘들어서 [많이 못 했어요]. 교회 분향소에 예배 올 때 그때 저의 의견을, 초창기에 예배를 많이 참석할 수 있어서 [이야기했고], 자주는 못 갔지만 갈 수 있는 시간에는 가서 "최대한 기도해 달라. 이거는 온 국민이 일어나야 될 문제다", "다 같이 손잡고 가야지 유가족들만이 이 문제

요한 엄마 김금자

를 해결할 수 없다. 전 국민이 일어나서 이걸 소리 높여야 된다. 계속 기도해 주시라"[고 이야기했어요].

그 전에는 이 사회에 대해서 몰랐기 때문에 이런 병폐가 있는지 몰랐기 때문에, 아이들 세월호 때문에 알게 된 거잖아요. 우리가 가장 직접적으로 알게 된 거잖아. "이건 아니야. 이건 나라가 아니야", 이렇게 나온 거죠. 그래서 이거를 전 국민에게 알려가지고 같이 일어나서 복구하는 그러한 일을 해야 되는 주춧돌이 우리 아이들 희생자예요. "그래서 애들이 고귀한 희생자들이다". 애들이 뭔 이유가 있어서 죽었겠냐고요. 병폐 땜에 죽임을 당한 거죠, 한마디로. 이거는 [사고로] 죽는 그것도 아니에요, 구조 안 한 거예요. 그래서 이거를 널리 알려서… 제가 너무 아프니까 다른 사람들은 '이런 아픔이 있으면 안 되겠구나'라는 생각을 했는데, 유가족들이 다 그런 마음을 먹었다는 거예요. 그래서 "이제 활동을 더 해야 되겠다"라는 거예요.

왜냐면 결론은, 종지부는 안전한 사회. 우리가 "애들로만 끝내자. 이 아이들의 죽음으로만 끝내야지", 아까도 말씀드렸듯이, "일이 많았으니 이제 종지부를 찍자. 이 아이들로 종지부를 찍자". 계속 좀 있는 사람도 좀 사람답게 살다가 몇백 년, 제 의견은 몇백 년 산 것도 아닌데 뭐 그렇잖아요. 다 같이 잘 사는 나라가 돼야지. 그래서 이제 그런 기도를 부탁을 드렸었고, 그다음에 대표하면서 책임감이 있으니까 밖에 나가서 조금씩 이 얘기를 하게 됐고.

면담자   집회는 많은 사람들을 만나는 거고 간담회는 청중들의 눈을 보면서 하는 건데 혹시 그 경험이 어머님한테는 어떤 의미이고 어떤 영향을 미쳤는지 말씀해 주시겠어요?

요한 엄마　　　굉장히 중요하죠, 간담회는. 간담회는 그들에게 설득을 하는 거예요. "지금 상황이 이러니까 우리 함께해 주세요. 그리고 정부가 이렇게 해야 되는데 이렇게 안 했어요"라는 거를 직접적으로 얘기하고 그들의 궁금증을 바로 얘기해 줄 수가 있으니까 간담회도 굉장히 중요해. 알림, 그야말로 홍보잖아요, 홍보.

면담자　　　주로 어떤 분들이 오시는 거 같으세요?

요한 엄마　　　보통 간담회는 다 우리를 호응하는 분들이 불러요. 우리와 함께하고 싶은 사람들이 불러서 우리의 말을 듣는 거야. 직접적인 유가족의 심정, 상황을 알고 그들은 또 이웃에게 전하는 그런 역할을 하게 되는 거죠. 그러니까 직접 듣고 싶어 하는 거예요, 유가족[의 이야기를요].

면담자　　　원하는 분들만 오시는 건가요?

요한 엄마　　　네, 원하는 분들이 오는 거지. 반대하는 사람들한테는 가기 힘들죠. 왜? 싫어하는데 갈 수는 없지. 다 먼저 [간담회 초청을 받아] 오라고 했을 때 가는 거예요. 가서 보면, "그랬었군요, 진짜군요" 이렇게 나오는 거죠. 그 소통하는 거죠, 소통

면담자　　　그런 요청이 많이 있나요?

요한 엄마　　　엄청 많이 왔죠. 엄청 많이 와서 전국을 다녔죠. 전국

을 다녔고, 그럼으로 인해서 많이 변화가 됐죠. 간담회도 중요해요.

9
가장 중시하는 활동

면담자   어머님 개인적으로 집회, 간담회, 동거차도 여러 가지 중에서 특히 인상적이거나 의미 있다고 생각하는 활동이 따로 있으실까요?

요한 엄마   가장 중요한 건 우리 촛불집회죠. 전국이 일어난 촛불집회가 우리 국민들이 보여준 행위예요 행위, "우리나라가 잘못됐다. 지금 제대로 해라"라는. 집에서만 얘기하지 않고 나와서 행동해 주고 소리 높여준 것이 키 포인트였던 거죠. 그게 가장 중요한 일이죠. 모든 결정적인 게 그 촛불집회죠, 그거예요. 다른 것도 다 중요해. 중요한데 가장 중요한 건, 다 다른 활동도 해야 돼. 왜냐면 모르는 사람들은 알려야 되고, 우리가 상황을 알아야 되고, 그다음에 또 알려야 되고 하는 것 과정 중에 고민들이 일어나서 함께해 주는 거, 그걸 행동으로 보여주는 거. 보여줘야 알잖아요.

안 보여주면, 아무래도 집에서 함께하면은 모르잖아요, 정부가. 저기 위정자들이 모르잖아요. [시민들의] 행동을 보고 어떤 일을 결정하게 되는, 왜냐면 [정치인들은] 국민의 대리인들이지, 자기의 권한을 얘기하는 자기의 주권을 얘기하는 자리가 아니잖아요, '국민이 이런 걸 원하네, 뭐가 잘못됐나?' 하면서. 만약에 들어가 보고 문제점을 확인해 보고 국민들이 말한다 해서 그게 [반드시] 옳다고 가 아니라 '정말 옳은가?'. 지금 반대파들이 있잖아요. [그러면] '저들은 왜 반대하는가', 반대하는 거 그게 옳은가 그른가 다 파악을 해봐야죠. 그래서 옳은 쪽으로 말을 해야죠, "이래야 된다"고 그러니깐은 그게 정치잖아요, 나라를 위한 정치. [촛불집회는] 먼저 정부에다 얘기를 하는 거죠, 우리가.

10
청문회

면담자　마지막으로 질문을 드리려고 해요. [4·16 세월호 참사 특별조사위원회]청문회가 있었잖아요. 그리고 최근에 국정농단 사태에 대한 청문회에서도 대통령의 7시간에 대한 의혹이 많았는데요. 청문회에서 책임 있는 사람들이 증인으로 나온 걸 보셨을 때 어떠셨어요?, 직접 가서 참관하신 적이 있는지요?

요한 엄마　저는 청문회 다 갔죠. 갔는데, [증인들이] 말을 안 해 줬잖아요. 다 "모르겠다, 기억이 안 난다" 이렇게 얘기를 일괄적으로 얘기할 때… '정부의 영향이 있지 않았나. 그분들의 위에' 그런 생각을 했었고요. 또 저희도 이렇게 누구나 다 얘기하죠, "4월 16일 날은 누구나 특별한 날이기 때문에 개인적인 일까지도 다 기억을 한다". 저도 기억을 하잖아요, "이렇게 해서 이렇게 해서 이렇게 갔다". 이렇게 얘기를 하듯이 기억이 안 날 수가 있을까요? 몇 개는 [잊은 것이] 있을 수가 있겠죠. 중요하지 않는 거 뭐 화장실 몇 번 가고 이런 거, 숫자들.

예를 들어서 별로 중요하지 않는 거를 생각이 안 날 수도 있겠지만 정말 핵심적인 것들은 기억이 날 수밖에 없었고, 또 제대로 됐다면 기록도 했었을 것이고. 만약에 생각이 안 난다 그러면 기록했으니까 그거 보면 되는 것이고, 또 기록은 당연히 정부기관이니까 했어야 되고. 그런데 그러한 모든 것들을 다 무마시키는 기록도 안 했고, 기억도 안 나고, 그러니까 다 안 했다는 거야, 결론은. 그게 나오는 거예요. 심각한 거죠. 제대로 말하지 않았다, 청문회는 제대로 말하지 않았다.

그리고 이번에 국정조사[청문회] 때는 가장 감사했던 게 [대통령의] 7시간이 키포인트로 올라와서 거의 주제가 돼서 했다는 거. 그런 거로 인해가지고 국민들에게 많이 알려졌다는 거. 안다고 해서 다 아는 게 아니거든요. 모르는 사람들 엄청 많아요 아는 것 같지만, 내 살기 바빠서 그럴 수도 있고. 근데 7시간이 올라왔다는 거. 거기에서 많은 국민들이 실질적으로 [알게 된 거죠].

그런 사람도 만났어요. 처음에는 세월호 지겹다고 그랬대요. 제가 광화문에서 만났어요. 제가 4월이 [광화문 지킴이] 당직인데 월요일 날 거의 담당으로 가거든요. 특별한 일 없는 한 갔는데, 그분이 고개를 떨구면서 미안하다고. 뭐가 미안하느냐 그랬더니 자기는 세월호 지겹다고 한 사람 중에 한 사람이라고, 그런데 7시간이 부각되면서 '왜 7시간에 대통령이 구조를 안 했지?'라고 생각이 들더라는 거예요. 그러고 보니까 이거 웃기더라는 거죠. '애들이 그렇게 되는데 대통령은 뭐 했지?'라는 생각을 하다 보니까 우리 세월호 가족들이 자기네는 잘못됐다고 생각했는데 잘못되지 않았다는 걸 그때서야 알게 돼서 정말 미안하다고…. 끝까지 고개를 못 들고 가시더라고요, 미안하다고. 그렇게 깨게 된 사람들이 많이 있을 거라고 봐요. 그분은 나한테[내가] 만났던 사람이고 많이 알게 됐[고], 그 동기가 되지 않았나… 생각을 해서, '그것만큼이라도 사실은 감사하다'라고 생각을 하고.

　국정감사에서 요즘엔 조금 더 [조사와 검증이] 강해졌더라고요. 처음에는 이게 무슨, 해도 되고 안 해도 되고 하는 그런 것처럼 느껴지는 거예요. 이건 아니죠. 충분한 그거에 대한 조사를 다 했었어야 되고 그분이 잘못 말했을 때 되받아 줘야 해요. "이러이러한 증거가 있다고 되받아쳤을 때, 그들이 말하는 게 사실이 아니었다면 진실을 말할 수밖에 없[게 만드]는 그러한 대치를 안 하더라"[고] 얘기를 했어요, 다른 분들 인터뷰할 때. 그러니 얼마나 우습게 보겠느냐. "아, 네" 넘어가고, 전부 "아, 네" 넘어가고, 이건 아니죠, 그건 아니죠. 충분한 조사가 있어야 되고 제대로 된 자료를 가지고 있었어야 되고, 해서 제대로 물어보고 진실을 말할 수밖에 없도록 했어야 될 그러한, 100프로는 아니더라도, 100프로 본인이 얘기해 주면 좋겠지만 안 하려고 하는 사람들, 그러한 사람들에게 진실을 말할 수 있도록 최대한 노력을 기했었어야 되는데. [처음에는] '그게 아니었다'라고 [생각]했었는데, 그 이후로 조금 많이 강해졌더라고요. 제가 그 발언을 했었는데, 그 언론에 했었거든요 반 대표로서, 근데 그다음에 조금 많이 강해져서 굉장히 감사했어요. 그나마도 저 정도는 돼야지 아무래도, 소리 높여서 알릴 건 하고, 제대로 말할 수 있도록. [책임자들이] 진실을 알고 있는데 시인을 안 한다고 해서 그것 땜에 힘든 거잖아요, 어느 정도는 다 되는데. 근데 그거에서 힘을 가지고 똑같이 하면은 훨씬 낫지 않았느냐 했었는데, 좀 많이 그래도 호전적이어서 그나마 또 감사한 것 같아요. 더 밝혀져야 될 문제지만, 밝혀져야 되고.

면담자   어머니, 너무 오랜 시간 말씀을 하셨어요. 남은 이야기는 다음 회차에서 하기로 하고 오늘은 여기서 마치도록 할게요.

요한 엄마   그래요.

3회차

2017년 1월 26일

1   시작 인사말

2   근황, 활동 지속의 원동력

3   후회나 아쉬운 점

4   몸이 아팠던 이유

5   위안이 되는 것과 대형 교회에 대한 생각

6   현재의 고민

7   형제자매

8   본인의 치유

9   생애

10   아이의 의미

11   남은 삶의 목표

1
시작 인사말

면담자   본 구술증언은 4·16 사건에 대한 참여자들의 경험과 기억을 기록으로 남김으로써 이후 진상 규명 및 역사 기술에 기여하고자 합니다. 지금부터 김금자 씨의 증언을 시작하겠습니다. 오늘은 2017년 1월 26일이며, 장소는 안산시 단원구 와동 성문교회입니다. 면담자는 이예성이며, 촬영자는 김솔입니다.

2
근황, 활동 지속의 원동력

면담자   지난번 2차 구술 이후 한 주 만에 뵙는데요. 지난 한 주간 특별한 일은 혹시 있으셨나요?

요한 엄마   우리 계획대로 계속, 네. 주말 집회가 있었는데 총회해서 못 갔어요.

면담자   4·16가족협의회 총회죠?

요한 엄마   169명 와가지고 잘했어요, 총회. 하던 직책도 그대로 하고 한 분 감사[로] 새로 오시고. 다른 사람들도 새로 하면은 힘들 거예요, 공부해야 되고 적응하기. 원래 했던 분들이 하는 게 좋을 것 같았어. 근데 또 흔쾌히 [맡겠다고] 답해주시고 또 특별히 잘 나와가지고 잘 지내게 됐어요, 이번에. 작년에는 한 세 번인가 했을 거예요, 결정이 안 돼가지고. 이제 그걸 알고 역사가 굉장히 중요하다는 게 미리 다 위임장 받고 더 앞뒤에서 뛰었죠, 너무 고생해 가지고 작년에.

면담자　　작년에는 참석자 수가 모자라서 결정이 안 되니까 다시 하신 건가요?

요한엄마　　네, 계속. 세 번인가 했을 거예요.

면담자　　오늘은 참사 이후에 어머님이랑 가족의 삶이 어떻게 변화됐는지 주로 여쭤볼게요. 그리고 2차 구술 때 말씀해 주신 활동하신 것들에 대해 그때 깨달음 같은 게 있었는지 여쭤볼게요. 그리고 요한이가 어머님한테 어떤 의미로 남아 있는지에 대해 여쭤보려고 합니다. 일단은 힘든 몸 이끌고 활동 많이 하시면서 역할도 크게 하고 계신데, 그렇게 참여할 수 있었던 이유나 원동력 같은 게 있을까요?

요한 엄마　　꼬집어서 저한테 말씀 여쭤주시면 제가 좀 간략하게 [대답할게요], 시간이 많이 걸릴 수 있으니까. 처음에는 힘이 없어서 누워 있었는데요, 제가 원래 늘상 기도하는 사람이라 누구한테 응답을 받냐면 하나님한테 응답을 받아요. 누워 있는데 저번에도 말씀드렸는지 생각이 잘 안 나는데, 가까운 분이 이런 얘기를 해요. 한 몇 달 됐을 거야, 두 달인가? "보상만 받고 말지, 왜 이렇게 질질 끄느냐, 보기 싫다" 이러는 거예요. 그래서 그 말 듣고 굉장히 가까운 분이라 가슴이 좀 아프더라고요.

그래서 주님께 기도를 했어요. "하나님, 어… 이런 말을 하는데, 무엇이 옳습니까, 우리가 어떻게 해야 유가족이 어떻게 해야옳습니까?" 그래서 하나님이 나타나서서… 얼굴은 안 보여주는 거야. 따로 하나님을 느끼는 거야, 영적으로. "진상 규명을 해야 된다", 그래서 제가 가만히 있다가 고개를 이렇게 돌리니까 옆에 요한이가 서 있더라고요. 서 있던 요한이가 "엄마, 나중에 오시면 내가물을 거예요. 내가 왜 죽었는지 물을 거예요"라고 그러는 거예요.

그러더니 탁 하고 깨인 거죠. 깨어가지고, 환상 속에서 내가 깨인 거죠, '아, 그럼 진상 규명을 해야 되고 내가 나중에 천국 가면요한이한테 말을 해줘야 되겠구나'. 요한이가 몰라서 그런 게 아니라는 건 알아요. 뭐가 있다는 거죠. '진상 규명을 해야 되는 이유가뭘까?' 깊이 내가 들어가기 시작해서, 누워 있는 상태에서, 누워서'진상 규명을 해야 되는구나'라고 생각을 하고, 그분한테 가서 답을얘기를 했어요. "내가 기도를 했는데 하나님이 이렇게 얘기를 하시더라" 그러니까, 이제 평소에 아시는 분이라 제가 하나님을 어떻게믿고 응답받고 하는 걸 실질적으로 다 아시는 분이야. 그래서 그다음에 누그러지시더라고요.

그러면서 '내가 할 수 있는 일이 무엇인가' 생각해서, 누워 있으니까 나오지를 못하고, 처음에 초창기에 나오지 못할 때 언론을 봤고 거기서 잘못하는 거…. 무슨 언론이 처음에 잘못하고 했기 때문에, 정부가 잘못한 걸 이미 또 알고 있었지만 누구한테 [말할 수 있는] 그런 시기는 아니었고. 그래서 언론을 봤는데 그때 당시에는 크게 뭐 잘못하지는 않고 있더라고요, [단지] 처음에 오보 땜에 그랬고.

그리고 하나 느낀 거는 [언론이] 우리들의 목소리를 과감하게 확실하게 내보내지는 않고 있다는 거, 그런 것 조금 느꼈어. 발표는 하긴 하는데 그 과정 중에 지금까지는 이렇게 봐서 제가 결론지었던 거는 그 최순실 게이트, 이전까지는 자꾸 숨기려는, 안 알리는…. 우리는 활동을 많이 하고 있는데도 기자회견 하는데도, 자막으로 나가고 커트로도 몇 번은 보여줬어요. 근데 중간중간에 해결이 안 돼서 일을 하고 있는 과정에 왜 문제가 돼서 [저희가] 기자회견을 하거든요. 그러면 그거를 제대로 보도를 안 하더라는 거죠, 언론 자체들이.

그런 거를 봤었고, 두 번째는 내가 활동하는 거, 행동으로 보여줘야 되잖아요. 뭐든지 행동이 없으면 안 되는 거잖아요. 행동으로 보여줘야 돼서 몸이 괜찮아지면서 누구를 붙잡느냐, 제가 주님을 붙잡았어요. 내 힘으로는 도저히 발을 걸을 수가 없으니 "하나님, 저 주님 붙들고 일어날게요" 하고 주님 붙들고 영적인 주님의 힘을 빌어가지고 한 걸음 한 걸음 거북이처럼 걸어 다녔어요. 그니까 남들은 [저를 보기에] 멀쩡하니까 건강한 사람처럼 생각이 들지 모르겠지만 멀쩡한 게 아니고 속은 완전히 가버린 거야. 아무것도 없는데 주님 붙잡고 나오는 거예요. 이렇게 가는 거, 나오는 거야, 행사라든가 그다음 그 이후에 그 실천하는 그런 행동 속에 동참을 조금씩 할 수 있는 거지, 과감하게는 못 해도. 그렇게 하게 됐죠.

하게 되면서 반 대표 하게 된 이유는 점차적으로 가까이 가지는 거죠. 그 전에는 "반 대표 해라" [하는데], 따로 계속 [활동을] 하니까 사람들이 "반 대표 해라" 그러는데 제 몸이 안 되는 거야. 제가 앓거든요. 그래서 몸이 안 돼서 안 된다 했었는데, 작년 5월 달에는 그분이 너무 반 대표가 힘들어하셔서, [저는] 그때는 숨을 조금 쉴 수 있어서 그때부터 [반 대표를] 하기 시작해서 지금까지 하고 있는데요. 그래서 진상 규명에 몰입을 하게 된 거죠. 그래서 진상 규명을 하게 됐고.

면담자   어머님이 말씀해 주신 다른 분들도 비슷한 그때 "진상 규명을 해야 된다"고 하신 거죠?

요한 엄마   그런 말을, 목소리를 냈죠. 주의 음성을 듣고 나는 '[진상 규명을] 해야 된다. 이거는 반드시 뭔가 문제가 있구나', 이렇게 나가게 된 거죠.

면담자   같이 활동하시는 분들 중에 종교가 다른 분들도 있고 종교가 없으신 분들도 있으실 텐데요.

요한 엄마   [그래도] 같은 목소리를 냈어요.

면담자   어머님은 다른 분들께 어머님의 경험을 잘 설명하고 공유하시나요?

요한 엄마   저는 기독교에서 하죠. 기독교 간담회에서는 가장 편하니까. 같은 믿는 사람이니까, 믿음 안에서는 주의 뜻대로 행하는 자가 예수님께서 내 어머니고 내 형제라고 했거든요. 그러니까 우리는 저거거든요, 핏줄은 아니어도 편해요. 이렇게 소통한단 말이에요. 그래서 과감하게 얘기를 했더니 어떤 분이 '진상 규명을 왜 하나'라고 생각을 했대요. 교사신가, 아무튼 그랬던 분인 것 같아요. 학교에서 선생님인가 그랬던 것 같은데 '왜 하나' 생각을 했대요. 근데 제가 간증을 얘기를 하니까, 주님을 만났던 얘기를 하니까 미안하다고 [하시더라고요]. 그분도 '배·보상받고 말지'라고 생각했던 분 중에 한 분인가 봐요.

그래서 기도하겠다고, 한 달에 2, 3일 금식하면서 같이 모여서 기도하는, 나라를 위해서 기도하는 단체가 있대요. 그래서 저도 시간 되면 오라고 하는데 저는 거기까지는 못 미치죠, 아직까지. 왜냐면 여기서 [진상 규명에] 몰입을 해야 되기 때문에. 근데 알고는 있죠. '이런 분들이 계시구나' 알고는 있어요. 고마운 진짜 인재들이죠, 애국자들이죠. 그래 가지고 옆에 다른 분도 그러냐고 하면서 같이 호응을 해주고, 밖에 나가서도 얘기를 하죠. "진상 규명을 해야 됩니다. 끝까지 함께해 주십시오" 이렇게 하면서 알리죠, 해야 된다고.

면담자   종교가 다른 분들한테도요?

요한 엄마   한테도 얘기하죠.

면담자   영적인 경험도 공유하시나요?

요한 엄마   영적인 것은 간혹 얘기를 하죠. 정말 얘기할 때는

"제가 믿는 사람인데"라고 얘기를 하는데, 무거운 자리에서나 너무 나 어른분들 계실 때는 그 말 하기가 어렵죠. 왜냐면은 우리 메시지 도 너무 많으니까, 거기서 간추려서 2, 3분 뭐 4, 5분 동안 해야 되 니까 그것 말하면 몇 분이 더 걸리는 거예요. 그래서 잘 안 하죠. 어 느 분이 [조언하길] 연설할 때는 종교의 자유가 있기 때문에 요한이 는 어차피 믿었던 사람이고, 요한이에 대해서 얘기할 때는 하나님 에 대해서 얘기를 해도 된다고 옆에서 좀 조언을 해주시더라고요.

면담자   활동하는 분이요?

요한 엄마   아니, 우리 4·16 단체 분이, 우리 저기 도와주시는 분이 얘기를 해주더라고. 왜냐면 얘가 믿음의 삶을 살았었기 때문 에 그 얘길 하더라고. 그래서 제가 참고는 하고 있어요.

3
후회나 아쉬운 점

면담자   그동안의 활동 경험 속에서 어머님이 사소한 것에서 부터 많은 선택과 결정을 했어야 됐잖아요. 그런 것들에 대해서 후 회하시거나 아쉬운 점들이 생각나시는 거 있으세요? 아니면 힘들 었던 경험이 있으신지요?

요한 엄마   힘들었던 경험은 몸이 안 따라주는 거. 몸이 안 따라 주니까 제대로 못 하니까 먼저 일했던 사람들한테 미안한 거죠, 항상. 그때 당시 미안했었죠. 지금도 그분들의… 희생이라든가, 요구라든가 이런 거를 항상 마음에 품고 있어요. 우리[보다] 먼저 저렇게 대표했던 분들이 항상 기억하고, 힘들다 그러면 좀 쉬시라고. 그때는 잠깐 이야기하지만 제가 아프다는 걸 이해를 못 했던 분들이 지금은 좀 이해할 거예요, 본인들도 아프니까. 그때 당시에는 그냥 했지만, 나는 아픈데 [그분들이] 이해를 못 하더라고요. 나를 모르더라고요. 근데 내가 안 아픈데 아프다고 하겠어요? 그건 아니잖아요.

그래서 저는 아픈 거에 대해서, 아픈 사람은 무조건 쉬라 그래요, 제가 아파봤기 때문에. 거짓으로 아프다고 하는 건 아니잖아요, 그렇잖아요. 그래서 먼저 몸 좀 챙기시라고, 제가 두세 배 하면 되니까. 그러면서 주님 붙잡고 한 걸음 한 걸음 하다 보니까 주님께서 힘을 주시고 또 더불어서 같이해 주시고 하니까 몸이 많이 좋아졌는데, 반 대표 하면서 몸이 아파버린 거예요, 너무 힘들어 갖고. 이거 책임감 있는 [역할을] 팍 하다 보니까, 이게 남보다 못하면 안 되잖아요, 반 대표니까 대표로서 더 잘해야지. 말로만 대표고 내가 안 하면 안 되잖아요. 그래서 하다 보니깐은 또 일들이 중대한 일이 이 안에 다 있었거든요. 제가 5월 달부터 [반 대표를] 하면서 여기서 다 중대한 일이 있는 거예요. 그래서 내가 몸까지 좀 아파져 가지고.

근데 병원에 다니고 있고 좀 쉬고 해야 되는데, 내가 요즘에는 유도리 있게 조금 안 갈 때는 좀, 더 가야 하지만 좀 더 빼는 거예요, 왜냐면 몸이 더 상하면 힘드니까. 옆에서 조언해 주시는 분들이 좀 그렇게 했으면 쓰겠다고, 꼭 가야 될 자리를, 그 전에도 물론 구분했지만, 좀 더 신경을 써가면서 했으면 쓰겠다고 그래서 저도 그렇게 생각을 하고 있어요. 조심하고 있어요, 몸을.

4
몸이 아팠던 이유

면담자   요한이 만나고 올라오시고 나서 몸이 많이 안 좋아서 움직이지도 못하셨잖아요.

요한 엄마   그러니까 완전히 이렇게 누워 있었어요. 계속 뭐 먹지도 못하고, 뭘 먹었는지도 모르겠어요. 식욕도 안 나. 지금도 고기에 대해서 그렇게 좋아했는데, 요한이가 그렇게 좋아했어요, 저하고 식성이 비슷해 가지고. 아주 좋아해도 그게 맛이 떨어져 가지고, 많이 먹어야 두세 점? 그거 먹으면 엄청 많이 먹은 거예요. 하나 먹고 밥 먹으면 또 엄청 먹은 거예요. 끝까지도 안 당겨. 그래서 빈혈기가 온 거예요, 단백질을 안 먹으니까. 이제 밖에 나가면은 해주는 거는 먹죠, 남이. 왜냐면 그거는 해준 거니까 안 먹을 수 없잖아요, 고마워서도 먹어야 되고 내가 배고파서도 먹어야 되고. 그런데 내가 이렇게 뭐 해서는 아직까지도 그게[건강이] 안 돌아왔어요.

면담자   그때 그렇게 몸이 움직일 수 없었던 상태를 뭐라고 해석하세요?

요한 엄마　　　　맥락이 없어져 버린 거죠, 희망이. 내가 지금, 아까도 말씀드렸듯, 같이 얘기를 할게요. 제가 요한이 그러고 나서 제가 맥이 없는 거를 생각을 해봤죠. 왜 이렇게 맥이 없을까 했더니, [요한이가] 나의 삶의 의미였다는 거예요. 제가 어떤 인터뷰에, 100일 땐가 했었나 보더라고. 근데 그 표지에 그렇게 나왔더라고, "엄마의 삶의 이유는 요한이었다"고. 맞아요. 내 남편은 늦게 만났잖아요. 이때까지 부모의 슬하에서 자라온 남편이고 나중에 만났지만, 이 자식은 내가 남편과의 그 사랑 속에 태어나 어려서 뱃속에서부터 주님, 주의 종 시키겠다고, 요한이한테는 끝까지 말 안 했지만, 아침 금식을 한 70일 정도 해가지고 난 애라, 정말 그렇게 해갖고 하나님이 아들을 줬거든.

　　아들 주시면서 주의 종으로 만들겠다고 또 선언을 해가지고 난 애라 애지중지 키웠어요. 진짜 얼굴 뽀뽀도 잘 안 했어요. 조금 한 거는 볼에다 이렇게 조금 하고 조금 댈 정도 하고, 기억이 안 나, 왜냐면 죄 지을 것 같아서. 우리들은 세상 속에 살다가 주님의 부름을 받아서 간 사람이지만, 얘는 태아 때부터 그전부터 교육된, 그니까 주님의 인도하심 따라 낳은 애라 그렇게 조심스러운 거야. 그렇게 또 훌륭하게 키우고 싶었어요, 우리 남편보다는. 이미 남편은 세월을 살았지만 얘는 태전부터[출생 전부터] 주의 사람으로 키운 거예요, 한마디로.

　　그러다 보니까 정말 애가 제가 생각했던 대로 그렇게 아름답게 크더라고요, 크고. 진짜 요한이가 없었으면 지금까지 제가 살아 있었을까? 목회자 삶이 너무나, 전부터도 말씀드렸지만 그렇게 쉬운 일이 아니에요. 훈련시키는데 그렇게 곤욕스러울 정도로 잘 이겨내고 나가야 군사가 되는 거죠, 하나님의 군사, 영적인 그런 모든 걸 이겨내야 되니까. 그 속에 우리 요한이가 일임을 담당했어요, 큰 몫을 담당했다는 거죠.

그리고 엄마를 항상 챙겨주고, 비서처럼. 그런 일을 요한이가 했었었기 때문에 아마 요한이 아니었으면 내가 이 세상 사람이 아니었을지도 몰라요. 그 정도로 뒷받침을 잘했어요. 진짜 하나님도 알고 요한이도 아마 알 거죠, 내가 (눈물을 훔치며) 이 말 하면 천국에, 천국에 아마 울음은 없지만 [요한이도] 아마 동감할 거예요. 그래서 맥이 없어서 누워 있는데 내가 왜 이렇게 힘이 없지, 그랬더니 내 삶의 이유가 없어져 버린 거예요(울음).

우리 목사님은 못 했던 그러한 영적인 부분들을 잘 이뤄주면, 어렸을 때부터 우리 목사님은 30대 이후로 신학을 해가지고 늦게 일을 했지만, 걔는 20대 때부터 쭉 잘하기를 바랬고. 사람들을 잘 아우르는, 자기가 힘들게 살았고, 부모가 살은 걸 봤기 때문에 잘 헤아려주는, 그러한 아우르는 훌륭한 목회자 되기 바랬는데, 제가 말하는 대로 그렇게 애가 크더라고요. 정말 그런 애가 없었어요. (울먹이며) 정말 그런 애가 없었는데 목사님한테 남한테 자랑하지 말라고, 겉으로는 학교 가서는 자기들 레벨대로 욕도 하고 까불고 장난도 치고 그렇게 했으리라 봐요. 그거는 당연한 과정이고 속은

157
•

정말 그래서, 나는 어떻게 될까 봐 너무나 훌륭한 애라 자랑하지 말라고 내가 그랬던 앤데…. 그만한 게 저기 하기도[뜻을 이루어 보기도] 전에 그렇게 된 거래서(울음) 내가 일어나지도 못하고 그렇게 있었던 것 같아요(울음).

그래 가지고 주님 붙잡고… 이러고 있으면 안 되겠다 싶어서 주님 붙잡고 나오게 된 거죠. 너무 미안해요, 걔들한테. 애들이 왜 그렇게 갈 수밖에 없었는지…. 그래서 우리가 이제 진상 규명을 해야 뭐가 이 나라에 문제가 있구나[를 알겠죠]. 그냥 이렇게 된 게 아니고 실세를 파보니 문제가 있는 나라였더라고요. 그래서 결론은 처음에는 아들만 생각하고 그랬는데, 이제 우리 유가족 아이들 전체적으로 바라보게 되고, 그다음에 '도대체가 왜 그랬을까' 생각해 봤더니 이 나라에 병폐가 있던 거죠.

그리고 더 나아가서 주님을 바라보니까 우리나라가 너무나 냉대, 처음에는 같은 마음을 품었지만 나중에 두 가지로 가르더라고요. 우리 편이 있고 이쪽으로 반대편이 있는 거예요. 우리한테 막 엉뚱한 소리 하고 이런 편을 나눠지더라고요. 해서 '문제가 있구나, 의식도 문제가 있구나'. 우리 도련님도 관심 갖는, 우리 도련님도 그러더라고요, 의식이 문제가 있다고 우리나라는, 그 얘기를 하더라고. 그래서 정치적으로 깊이 들어가게 되고, 내 삶에 살았던 그러한 것들이 이제는 국가적인 책임감을 갖게 된 거예요.

왜냐면 우리 아이들이 죽은 이유가 분명히 엄마를 위해서 죽은 것도 아니고, 결론은 우리나라 국민들을 위해서 희생이 된 거라는

요한 엄마 김금자

거를 알게 된 거예요. 그러면 왜 애들이 희생이 됐을까를 깊이 들어가 보니까 나라가 썩었었다는 거죠. 애들 구조 안 한 거 보고 그 병폐를 알게 된 거죠. '이 정부 자체가 사고방식이 제대로 돼 있지 않은 정부구나'라는 걸 알게 되고 더 깊이 들어가게 된 거예요. 지금은 엄청 깊이 들어와서 핵심이 됐죠, 핵심이.

왜냐면 다른 것들은 문제를 해결하면 되지만 우리 4·16 세월호는 한두 명도 아니고 몇백 명이 갈 정도면 이거는 통탄할 일이라고 생각해요. 전 국민이 통탄해야 되는데, 통탄을 안 하니까. 〈비공개〉

그거를 받아들여 가지고 추미애 의원한테도 얘기했고… "저희들은 가만히 있을 수가 없습니다". 유가족이 제대로 자는 사람이 누가 있냐고, 지금. 잠도 못 자고 하는데 우리는 계속 일을 해서 "이게 진상 규명이 돼야 숨 좀 돌리고 그다음에 뭔가를 하지, 지금 상태에서 아무것도 못 합니다"라고 말씀을 드렸었거든요. 그러면서 계속 싸우고 해왔던 것이 그 최순실 게이트 터지면서 저거 된 거지.

처음엔 우리 일을 가지고는 저는 돌이키기만[회심하기만] 바랬어요. 대통령이 진실을 밝혀주시고 돌이키시고 제대로 하기 바랬어요. 그런데 그게 안 되고, 또 일부 우리 국민들도 조금 싸늘하게 굴면서, 아니 또 표현을… 군다는 게 아니고… 싸늘하게 대응을 하는 그러한 모습을 보고 '이게 좀 심각하다' 생각했어요. '생명이 이렇게 갔는데도 이 나라가 이러네. 이건 아닌데, 답이 아닌데. 이거를 묻는다는 것은 우리나라를 포기하는 거와 똑같구나'.

그리고 주님께 기도하는데 느낀 거는 '내가 가만히 안 있겠다. 이 세월호 문제를 넘어가면 내가 가만히 안 있겠다'는 그런 영적인 감을 받았어요. 그러니까는 하나님이 좀 성난, "생명이 304명이나 너희들을 위해서 갔는데", 제가 느낀 거예요 "갔는데 이걸 밝히질 않아? [진실을] 밝혀야 그 나머지의 사람들이 제대로 안전하게 살 수 있는데 그 희생자들을 모면하고 멀리하고 가만두지 않고 관심 갖지 않고 진상 규명 하지 않고 이 정부에서도 이걸 밝히지 않아?" 그러면 하나님도 가만히 안 있을 것 같은 그런 영적인 영감을 받았고.

그다음에 이 나라의 미래는 없다. 왜, 이유가 뭐냐? 한 사람의 국민들이 모여서 나라를 이루는 건데 [국민의 생명이] 제대로 보호받지 못한다면, 304명이 갈 정도로 묵인하고 모든 거를 덮어버린다면 무슨 희망을 가지고 살겠냐고요. 우리나라에 희망 없어요. 어렵고 힘들고 이런 거는 견뎌나가면 되고 모색하면 되고 해결하면 되지만, 생명이 죽어가는 가운데서도 구조를 안 했다는 건요, 이거는 어마어마한 거예요. 만약에 구조 안 했으면 돌이켜서 빨리 문제를 해결할 방안을 내세우고 다음에는 이러한 일 없도록 해야 되는데, 그것까지도 묻으려고 [하고] 애들도 안 구했지 이러니까, 안전한 사회가 이뤄지지를 못하는 거야. 애들이 무슨 희망을 갖고 삽니까, 언제 세월호 같은 일이 있어질지 모르는데. 더 큰일이 있어도 [위정자들은] 뭐라고 하냐면 '그때도 지났는데, 그때 어떻게 해서 지났지', 보면서 똑같이 행동을 할 거란 말이에요, 지금까지 그랬던 것처럼. 이렇게 애들을 잃고 보니까 그전에 일을 돌아보는 거예요.

그전에 어떤 사람이 아픔을 당했나 했더니 이만큼은 아니었지만 다 아픔이 있었다는 거죠, 우리와 똑같이. 아이들이 제일로 큰 거예요. 제일로 많은 수가 국가로 인해서, 구조를 했으면 살릴 수 있는 애들을 희생시킨 거예요. 단호하게 [말하면] 보낸 거죠, 보냈어요. 국가에서 버린 거예요. 구조를 했다는 건 살리는 건데, 국민으로서 살려주는 건데 살려주지 않은 거예요. 그냥 놔둔 거예요. 다 구조 방안이 있었잖아. 일본, 미국, 옆에 지나가는 사람, 우리 그리고 소리만 지르면 줄만 내렸으면 어느 누구도 쉽게, [생존하는 데] 그렇게 어렵지 않았을 거라고 봐요, 살리려고 마음만 먹었다면. 근데 그걸 안 한 거예요. 다 막은 거예요. 막고 구조를 안 한 거예요.

애들도 생존자가 그랬잖아요, 자기네들이 탈출해서 나왔다고, 구조한 게 아니라고. 그러면 실질적으로 들어가서 "나와, 나와" 한 사람이 없다는 거지. 지금까지도 없어요. 그럼 이건 밝혀진 거죠. 구조 안 한 거예요. 그거는 뭐 결정이 됐어. 그건 재판이 났으니까 저기 한 거고, 그다음에 왜 구조 안 했는가로 들어가는 거예요. 왜 안 했냐고, 그거 물어보면 이제 병폐들이 다 드러나는 거죠.

그래서 최순실 게이트를 하면서 알게 된 거예요. '이제는 더 이상 대통령이 그 자리에 있으면 안 되겠군요', 제가 그렇게 생각했는데 다른 사람들 다 똑같더라는 거예요. '이게 나라야, 뭐야?' 나라의 존재 가치가 없잖아요. 나라의 존재 가치는 각자의 생명을 잘 보호하고 그들이 잘 살 수 있도록 이끌어나가는 거잖아요. 그게 정치잖아요. 정치가 어떠냐에 따라서 그 국민의 방향이 달라지는 거잖아요. 이게 법이라고 [해도] 잘못됐다 했으면 거기로 가면 안 되는 거 잖아. 안 그럼 내가 이렇게 살아, 그러면 이렇게 살아야 되는 거잖아. 근데 그 일을 하는 정치인, 정부가 제대로 정치를 안 하면은 이 사람들은 제대로 된 삶을 살 수 없다는 거예요.

그러면 아까도 말씀드렸듯이 행동을 하게 된 이유는, 또 하나는 국민한테 나아가는 거예요. "우리가 잘못됐습니다". 첫째는 저는 기도하는 사람이라 기도를 하고, 의식으로 하나님 깨워달라고 하지만 몸으로도 뛰어줘야 되잖아요. 실질적으로 보여줘야 돼. 유가족이라 반응하고 우리가 이렇게 행동하고 있다고 보여줘야 되고, 그들도 깨일 수 있도록 하는 역할이 굉장히 중요하다고 봐요, 전 국민을 깨우는 거, 잘못된 거 [알리는 거].

지금은 많이 깨어졌죠. 그렇게 뭐라고 했던 사람도 그렇게 많이 깨어졌죠. 왜? 언론에서 계속 얘기를 하니까. 뭐가 나쁘냐 이걸 제대로 얘기를 해줘야 국민들이 알잖아요. '어, 뭐가 나쁘구나' 아는데 그걸 다 차단시키고 쬐끔만 나가고 그러는데 뭘 알겠느냐고요. 지금은 언론이 너무너무 잘하고 있다, 정말로 잘하고 있다고 봐요. 많이 바뀌어졌고, 우리가 원하는 식으로 진상 규명을 할 수 있도록 온 국민이 관심을 가져야 되고, 주인으로 역할을 하는 건 소리를 내주는 거예요.

무조건 우리가 옳다라기보다도 자기가 옳다고 하면, 우리 말을 좀 들어볼 수 있는 귀를 열으면 '아, 그랬군요'라는 게 나오잖아요. 저도 [성경 말씀에] "듣기는 속히 하고 말은 더디하라"고 쓴 말씀 있

듯이, 들어야 돼요. 저 사람이 뭐라 하면은 옳은지 그른지를 들어
봐야 될 거 아니야, 귀를 막지 말고. 지금 혹시 우리하고 잘 모르
는, 우리를 아직도 비판하는 사람이 있다면은 귀를 열고 한번 봐봐
야 된다는 [거죠], 저 깊이. 단순하게 봐서는 엉뚱한 말 하는 사람 말
을 들을 수가 있지만 깊이 들어오면, 진상 규명은 법치국가에서 당
연히 해야 되는 거고, 당연히 해야 되는 거를 유가족들이 많이 얘
기하죠, 미수습자도.

　정부에서 해줘야 되는데 이걸 안 해주니까 우리가 치고 올라가
는 거예요, 당연한 법을…. 너무 웃기죠, 웃긴 거예요. 정부에서 밝
혀줘야 되는 건데 정부에서 안 하니까 우리가 나가는 거예요, 왜냐
면 내 자식 일이니까. 가장 가깝게 여기는 게 부모들이잖아. 그러
니까 계속 투쟁을 하는 거예요. 앞으로 가서 보니까 [정부는] 안 해
줘요. 그럼 또 나가. 가서 보니까 안 해줘. 그럼 또 나가. 그래서 계
속 치고 올라가는 거예요, 왜냐면 안 되겠으니까.

　지금까지 우리나라에서 그렇게 주저앉아서 있던 사람이[지만]
이제는 우리 애들의 희생으로 인해가지고 '이젠 안 되겠구나' [깨달
은 거죠]. 누구를 위해서? [남아] 있는 사람을 위해서. 애들이 희생이
됐을 때는 이유가 있다는 거죠. [남은 사람들이] 잘 살기를 바란다는
거죠. 아이들의 희생이 아니었음 병폐 모르고 계속 지나가고 이 나
라 얼마나 썩었을까? 이 썩음을, 물을 흐린 사람이 성낸다 그러잖
아. 썩은 물이 가만히 있겠어? 이미 썩었는데 밑에서 [있는 사람들이
정화되기를] 아무리 바래도 소용없어요. 물들고, 물드는 거예요. 이

거는 쉬운 일이 아니에요, 위에서 썩어버리면. 밑에서 썩으면 잡아라도 가죠. 근데 위에서 썩으면 힘이 없으니까 굴복하고 이럴 거 아니에요. 왜냐면 어쨌든 살아야 되니까, 실질적으로 현실을 보고.

지금까지 그런 병폐를 [지속했지만] 이제는 아니라는 거죠. "지금까지는 썩었을지라도 우리 아이들로 종결을 시킵시다" [하는 거죠]. 너무 아파요, 우리는. 너무 아프니까 남의 아픔은, 아니 "더 이상 이런 아픔은 없앱시다" 그래서 우리가 전선에 나가고, 저도 마찬가지지만 다른 사람도 그렇게 느낀다는 거죠. 성령은 역시 하나라고 생각해요. 믿지 않는 사람들도 계속 말하고, 그런 거 아닌가 그렇게 생각하고 아는 거죠. '아, 지금 유가족이 말하는 게 맞구나' 하게 되고, 우리보다 더 깨인 사람도 있고. 믿든 안 믿든지 간에 그런 사람들 많아. 그래서 지금은 믿는 사람 있고 안 믿는 사람[도 있지만], 믿는다 해서 다 깨 있는 건 아니고, 기도 안 하면 주의 음성을 못 듣는 거죠, 그냥 교회만 왔다 갔다 하면. 주의 음성 안 듣고 그냥 믿기만 하면 모르는 거죠. 그런 차이기 때문에 같이 깨우는 일을 심각하게 해야 되는 그런 상황에서 많이 깨인 것 같아요.

5
위안이 되는 것과 대형 교회에 대한 생각

면담자　　　말씀하신 대로 쉽지 않은 활동이잖아요. 활동하시는 동안 위안이 된 게 있을까요?

요한 엄마   위안이 된 거는 저는 첫째로 '주님이 함께하신다'. 진상 규명을 해야 될 때는 주님이 도와준다는 걸 저는 믿어요. 주님이 "진상 규명을 해야 된다", 그거는 주님의 확신이에요. "이건 해야 돼", 그러면 내가 도와주겠다는 뜻이에요. 저는 발언도 그렇게 했어요. "진상 규명을 해야 된다고 했을 때는 우리 하나님이 도와주신다"고. 그래서 [발언하러] 갔는데 옆에서 해주신 분들이 고마웠어요. 우리 바로 뒤에서 우리 도와주신 분들이 "힘내세요, 힘내세요". 그리고 반대한 사람이 있지만 우리 같은 사람들도 많이 있으니까 "힘내세요" 해주신 분들이 참 고마웠고, 그다음에 저는 또 바랬는 게 믿는 자들이 빛과 소금 역할을 담당했죠, 곳곳에서. 해준 모습을 볼 때 '정말 감사하다. 정말 그리스도인이다. 정말 깨어 있는 훌륭한 분들이다' [생각했죠].

면담자   옆에서 도와주신 분들 얘기하셨는데 어떻게 그런 분들을 만났나요?

요한 엄마   그니까 분향소, 분향소 오시는 주마다 목요일 날, 주일 날 예배를 드렸어요. 지금은 제가 몸을 좀 아끼고 하느라고 잘 안 가지만, 다른 분들 믿는 분들이 가겠지만 [거기서] 제가 할 말은 다 했어요. 거기서 해야 될 말은 다 했어요. 진상 규명을 해야 되고, 우리는 전 국민이, 모든 교파를 떠나서 국민이라면 다 일어나야 된다. 다 일어나서 손잡고 이 진상 규명에, 진상 규명을 해야 된다"라고 다 얘기를 했고, "기도를 해야 된다. 의식을 깨워달라"고, "우리가[부모들이] 말하는 것도 있지만 이건 너무 소수니까 기도를 해서 그것이 가장 큰 힘이다. 모르는 사람한테는 그 얘기를 할 수 없지만, 그래도 믿는 자들은 기도를 해서 전 국민이 깨일 수 있도록 그렇게 기도를 해주셔야 된다". 할 말을 다 했기 때문에 지금은 거의 가지는 않거든요. 또 시간도 몸도 좀 추슬러야 되는 입장이라서 안 가는데, 뭐 간혹 시간 되면 갈지는 모르겠죠. 지금은 안 가요. 근데 초창기 때 얘기를 했어요, 제가 나갈 때는. 그리고 우리 뒤에서 도우는 자들[에게], 주님[께서] 힘[을] 달라고, 쓰러지지 않도록, 우리도 힘들지만 그분들이 붙들어 주지 않으면, 뒤에서 [그분들이] 밥 해다 주고 먹을 것 갖다주고 예배드려 주고 기도해 주고, 또 국민들은 물질을 후원해 주고 그러니까. 우리가 활동하는 데 돈이 많이 들어가거든요. 그런 걸 해주신 분들이 계셔서 이마만큼 온 거죠.

면담자   조금 조심스러운 질문이긴 한데요. 어머님 말씀하시는 거랑 다르게 기독교 쪽에서도 세월호 참사에 대해서 냉대뿐 아니라 불편한 발언을 한 경우도 있었잖아요. 혹시 그런 거에 대해서 어떻게 생각하시고 어떻게 대응하시는지요?

요한 엄마   참 가슴 아파하죠. 우리 유가족도 그러더라고요. 요한이네 보면 막 욕을 하고 싶은데, 우리가 목회자 부부잖아요. 그래서 그 말을 못 하겠대, 욕을 못 하겠다고 얘기를 하더라고요. 우리 엄마, 아빠께서 그러면서 웃으시더라고. [나는] "아유, 그러지 마시라"고 이렇게 얘기를 했는데, 가슴 아픈 일이죠. 정말 영적인 사람이라면 우리를 [희생자 가족들을] 보듬어야 돼요. "아, 얼마나 아플까" [하고] 나쁜 발언은 아니더래도 "우리 함께 기도해 주십시다", 이렇게 말이 나와야 되는데.

간혹 이렇게 들으면서 '교회에도 정부의 손이 뻗쳐 있지 않나' 이런 생각이 들어서 가슴이 아파요. '정부의 손길이 교회, 종교단체까지 뻗치나?' 정부를 의식한다는 거죠. 가슴이 아프더라고요. 이게 [종교는] 자유로운 거잖아요. 각자의 삶 속에서 믿든지 안 믿든지 그 선택은 자기가 하는 거고, 정말 그리스도인이라면은 [권력에 영향을 받거나] 그렇게 하면 안 되죠. 그래서 안타까운 거예요.

그래서 큰 교회의 문제점이 또 드러나는 거예요. '세월호에 의해서 깊이 들어가 보니 그런 문제성도 있구나', 그냥 막연히 훌륭한 교회, 큰 교회 이렇게 선망의 대상으로만 바라보고 했더니 속에는 '어?' 할 정도로, 가슴을 치는 거죠. 가슴 아픈데, 가장 가슴 아픈 게 정부의 손길이 들어가 있다는 거. 그것이 좀 아프더라고요. 물론 저도 그리스도인으로서 한 영혼을, 대통령을 똑같이 생각을 했었고, 그리스도인으로서 정말 그리스도인으로서 [박근혜 대통령에게] '정말 돌이키세요. 정말 나는 무슨 처벌이고 뭐고 저는 말씀드렸듯이 싫고, 제발 돌이켜서 좀 힘들게 감회해서 제대로 회개하고 가장 핵심은 예수 믿고 구원받고 돌이켜서 제대로 살 수 있는 나라를 만드는 걸 그 회심하는 그러한 그 시간들이 되기를' 그 최순실 게이트 전까지 제가 그렇게 생각을 했었거든요. 그랬는데 그게 안 돼가지고 지금 더 큰 저거를 해가지고.

6
현재의 고민

면담자 　　　혹시 지금 현재 고민이 되는 문제가 있으신가요?

요한 엄마 　　　가장 고민은 진상 규명이에요. 빨리 돌이키길 [회개하길] 바라는 게, 빨리 돌이켜야 빨리 우리나라가 정상화가 되는데, 질질 끌면 끌을수록 우리도 힘들고 정부도 힘들고 국민들도 힘들어요. 국민들도 힘드니까 진상 규명을 해야 우리가 숨을 쉰다니까요. 우리가 "하" 하고 아이들이 좀 더 가깝게 바라볼 수가 있는 거죠. 지금은 가깝게 바라보기보다는 "미안하다, 얘들아. 미안하다" 하고 일을 하고 있는 거예요.

　　그래서 가장 핵심인 대통령이, 지금 뭐 저거[탄핵소추안 가결 상태]지만은 밝혔으면 좋겠어. 인생 천년만년 사는 거 아니잖아요. 지금이라도, 그 전에 했으면 좋았겠죠. 그 전에 다 했으면 좋겠는데 다 지나버렸으니까, 그러면 "늦었다 할 때가 빠르다"고 속담도 있듯이 지금이라도 빨리빨리… 모면한다 해서 되는 거 아니잖아. 지금 국민들은 거의 다 알고 있잖아요. 근데 본인이 우리가 모를 거라고 생각하면 안 되죠. 우리가 알고 있는 거 뒤늦게 밝히고[밝혀지고] 알고 있는 거 뒤늦게 밝히고[밝혀지고] 이러잖아, 지금.

　　그러니까 얘기했듯이 정부가 잘못했던 거를 국민이 깨워서 국민이 밝혀야 되는 그러한 입장에 와 있는 것 같애요, 정말. 그거를 빨리 깨달으시고 빨리 말씀을 하셔서 이 나라가 정상화가 됐으면

요한 엄마 김금자

좋겠어요, 제대로 대통령 뽑히는 거. 그리고 정말 저는 정치에, 여자라서 그런지 몰라도 그렇게 잘 몰랐는데 아시는 분들은 다 알잖아요.

그러니까 제대로 일하는 사람들을 뽑아서 제대로 일을 할 수 있도록 하는 것이 우리 국민들의 지금 숙제인 것 같애. 그 전에 진상 규명이 돼야 되겠죠. 그래서 진상 규명이 되기 위해서 그런 [올바른] 사람들 뽑아져야 또 계속 이들이, 우리 그 진상을 밝히는 데 큰 핵심적인 일을 하시겠죠. 그렇지 않은 사람이 나타났다 그러면 또 [진실을] 묻을라고 난리겠죠. 그래서 지도자 뽑는 게 굉장히 중요한 것 같아요. 그리고 첫 단추는 세월호라고 봐요, 세월호. 다른 것이 아니고 이거는 해결해 갈, 장차적으로 해결할 문제고. 가장 문제인 세월호 문제를 해결하지 않고서는 문제가 커지기는 커졌잖아. 세월호 문제[를 해결] 안 하니까 계속 일이 더 커졌잖아요. 그래서 지금까지 온 거잖아요. 우리 거를 제대로 안 해놓으니까 이게 또 계속 나타나는 것 [같아요].

그래서 이 문제 먼저 해결할 대통령이 필요한 것 같애요. [지금까지는] 이거를 등한시하는데 이 문제를 제대로 아는 사람, 정말 답을 가지고 있는 그런 대통령이 지금 현시점에 필요한 것 같애요. "하겠습니다, 노력하겠습니다" 이게 아니고 "이 문제는 이렇게 해결해야 돼" 이런 문제를 놓고 이미 고심을 하고 그래서 전선에 나가서 "나는 이 문제를 이렇게 해결할 거야" 이런 사람이 지도자가 돼야 된다고 생각해요. 항상 뭐가 문제인지, 뭐가 먼저 해야 될 것인지를 아는 그런 지혜로운 지도자가 필요하다고 생각해요.

7
형제자매

면담자　　　가족 얘기를 조금 여쭤보려고 하는데 우선 요한이 동생 ○○이에 대해서 여쭤볼게요. 이제 고3이라고 말씀해 주셨었는데 어떻게 지내는지, 어머니랑 관계는 어떤지, 또 참사 이후 어떤 변화 같은 게 있는지 말씀해 주세요.

요한 엄마　　　요한이하고 굉장히 가까웠어요. 저는 바빠 가지고 나가서 저기 [일을] 하니까 오빠한테 부모 노릇하도록, 제가 다른 사람은 못 믿어도 요한이는 믿으니까, 항상 동생을 챙기라 해서 항상 그렇게 챙겼어요, 항상 손잡고 애도 항상 손잡고 다니고. 〈비공개〉 요한이가 그렇게 주춧돌 역할을 했어요. 우리한테도 저한테도 마찬가지지만 동생한테도 그러고 그렇게 훌륭하게 살았던 애예요. 그 나이만큼의, 남들은 뛰어놀고 저기 해야 될 때 뛰어놀면서도 속으로는 어른 못지않은 그렇게 훌륭한 가치관을 가지고 있는 애였거든요. 그러니까 ○○이도 알고 저도 알거든요. 목사님도 알고 친척들도 아는 사람은 다 알아요, 주위 사람들도 알고. 〈비공개〉

　　그러니까 이래야 될지 저래야 될지 애가[○○이가] 너무 힘든 거예요. 그냥 가만히 놔두고 지켜보고 같이만 해주면 참 좋았을걸,

애들이 이러면 이런다, 저러면 저런다 하니까 얘가 [참사 당시] 막 어린 나이에 중학생이었잖아요. 힘든 거예요. 〈비공개〉 제가 속으로 느낀 거는 '얘도 힘들었었구나', 내가 잘 견딘다고 쳐다보고 말은 붙일 수 없었지만, 이렇게 쳐다보면은 '잘 견디는구나, 얘는 별일 없이 잘 지내나' 이렇게 속으로만 [생각하고] 못 물어봤는데, [○○이도] 속으로는 나름대로 웬만하면 넘어가고 웬만하면 넘어가고 했었다는 거를 이제 그때 안 거예요. 그래서 '아, 나름대로 애들이 힘들구나'라는 것을 느꼈고 '가슴이 아파하고 있구나, 속으로…'. [겉으로는] 이렇게 잔잔해, 이렇게 덮어놓고 있지만 '아, 힘들어하고 있구나, 아파하고 있구나' 이거를 이렇게 느꼈어요. 〈비공개〉

면담자   유가족분들 중에서 또 다른 형제자매가 있는 가족분들이 계시잖아요. 서로 얘기를 많이 하세요?

요한 엄마   많이는 안 하지만 아이들이 힘들어하고 있다는 건 알고 있어요. 양상이, [활동에] 동참하는 애들[도 있고], 동참하지 못하고 지금까지도 힘들어하는 아이도 있는 거 알고 있어요. 〈비공개〉

8
본인의 치유

면담자   어머님도 치유 관련해서 '이웃'을 살짝 언급하셨잖아요.

요한 엄마   치유 쪽에? 가장 중요한 거는 우리들 국민들이, 함께 하고 있는 사람들이 기도해 주고, 지금도 기도해 주는 분들 많잖아요. 그래서 함께해 준 그것이 가장 큰 가장 1위가 하나님이고 두 번째는 국민들이 함께하고 있고. 세 번째는 이건 정신적인 거지만은, 정신적인 거 얘기했지만 육체적인 거는 이게 일어나지 못하잖아요, 몸이 이미 다 굳어버렸잖아. 애들이, 내 삶의 이유가 없어졌으니까, 맥락이 없어서 일할 힘도 없고, 애들이 먹고 가르치고 즐거워하고 기뻐하고 이런 거 모습 보고 엄마들이 힘들어도 일을 하는데⋯ 그건 힘든 게 힘든 게 아니죠. 힘들어도 기쁜 거예요, 자식들이 이렇게 크고 자라니까. 그거 보고 막 좋아하고 부모들은 그런 맛으로 했는데 이제 그런 맛이 없어져 버렸잖아요. 두 명 중에 한 명이 없어져 버렸으니까, 맥락이 없는데 몸도 다 처지잖아요. 마음이 굉장히 중요하죠, 마음이. 마음이 그러니까 몸도 처지는 거예요. 그래 갖고 누워 있는데 [누가] 안마를 좀 받아보라고 그러더라고. 안마를 받으니까 이 세포가 그래도 움직여요. 속은 속이래도 이렇게 해서, 제가 하도 좋아서 여쭤봤죠. "어떻게 해서 이걸 하게 됐냐?" 근데 내가 보니까 어쩌고 받아보니까 "너무 좋다. 이거다, 몸 푸는 데는" 그랬더니 9·11이라든가 일본에 그 사태[동일본 대지진]에서 가장 일으켰던 게[널리 활용됐던 게] 안마라고 얘기를 하더라고. 정말 잘하셨다고, 이거는 정말 잘하셨다고.

면담자   온마음센터에서요?

요한 엄마   네, 온마음센터에서 그런 그 역사적인 걸 보고 외국 거[사례]를 찾아본 거예요. 그래서 잘했다고 정말 좋은 거는 안마다. 그런데 몸 회복을 위해서 이렇게 요가도 하는데, 요가는 미안해서 못 하겠더라고. 저는 좀 움직일 수만 있어도 감사한 것 같아요. 그래서 요가까지는 내가 너무 애들한테 미안해서 못 하겠다고, 몇 주 하다가 [그만뒀어요].

면담자   어떤 점이 미안하신 거예요?

요한 엄마   어떤 거냐면 꼭 내 자신을 위해서 하는 것 같더라고요. 내 자신을 위해서 내 어떤 육체적인 걸 위해서 요가를 하는 거 같아 가지고 "너무 미안하다, 내가 이렇게 누릴 저거는 아닌 것 같으다" 해서 그거는 제가 못 한다 그랬어요. "몸이 안 따라줘서 해야 되는데, 내 양심상 그건 아닌 것 같다. 그냥 안마만 해줘도 내가 천천히 이렇게 주님과 함께 풀면 나가면 행복할 수만 있으면 감사하지, 그 위에 것은 좀 힘들다. 오히려 다른 쪽으로 내가 신경을 쓰지, 그건 안 하고 싶다" 해서 요가는 안 하고 안마만 계속 받고 있어요.

면담자   지금도 하고 계세요?

요한 엄마   네. 1월 달은 쉬었고 2월 달은 또 시작한다고 하더라고. 그거 없으면 또 힘들어요, 막. 그거 안 받으면 또 이렇게 쳐져요, 몸이. 그래서 또 받고 와야 좀 힘이 있고 이래서 그렇게 하고, 그다음에 정신적인 거는 집중력이 없어서 맨날 잊어버리는 거, 기억력이 없어요. 했던 거 여기다 놨는데 잊어버리고 우리 유가족들 다 그래. 왜냐면 너무 충격을 받으니까 그렇게 되나 보더라고요. 남편도 기억력이 엄청 좋은데 기억력이 막 쇠퇴해진 거야.

그래서 이 문제를 어떻게 하나 그랬더니 어떻게 하다 보니까 '이웃'을, 처음에는 몰랐어요. 근데 ['이웃'에서] 뜨개질한다 그러더라고. 뜨개질을 하면은 좀 집중력이 생기지 않을까 생각해서 뜨개질을 도전을 했어요. 했는데 진짜 집중력이 생각대로 집중력이 생기는 거야. 그러면서 강인한 이렇게 정신적인 힘도 같이 더불어서 생기고. 집중력 키우는 데는 뜨개질이 최고예요. 그래서 뜨개질하고 안마는 제가 하고 있어요, 다른 건 안 하지만 두 개는 하고 가장 핵심적인 거는 집중력, 몸 푸는 거.

면담자   네. 온마음센터의 안마 프로그램과 '이웃'에서 하는 뜨개질이 어떤 건지 소개해 주실 수 있으세요?

요한 엄마   안마는 50분 동안. 처음엔 1시간 했는데 너무 힘드시다 그래서 40분으로 줄였는데 40분은 너무 짧은 거예요, 짧더라고요. 그랬더니 다시 조정을 했나 보더라고, 50분으로. 50분 하니까 딱 맞더라고요. [마사지해 주시는] 그분들도 덜 힘들고 우리들도 저기 하고[효과가 있고]. 40분 너무 짧아. 그래서 50분이 참 맞다 해서 그 스케줄 짜가지고 몇 시에… 몇 요일 날 몇 시에 제 타임이 일주일에 한 번 있어요. "제가 목요일 날 8시에 시간이 나니까 그때만 가겠습니다" 그러면 제가 그때 가는 거예요. 근데 또 일정이 있으

요한 엄마 김금자

면 못 가고 한 3주 못 갈 때도 있고 막 그래요. 그런 식으로 정해놓고 하고, 뜨개질은 가가지고 자기가 배우죠.

면담자　　　여러 분들이랑 같이 하는 건가요?

요한 엄마　　　같이. 각자마다 뜨는 게 다 달라요. 다르는데 가르치시는 분이 자원봉사자님이 계서가지고 그분이 가르쳐주세요, 그러면 이제 하고. 그것도 처음에는 한 달에 한 번 가고, 가봐야 빨리가야 2주에 한 번 가기가, 위치가 차 탈 수는 없으니까 걸어가는데도 몸이 힘들어서 못 가고 막 그랬었어요. 근데 지금은 몸은 많이 좋아져 가지고 그나마도 걸어가는데도 그렇게 큰 힘은 안 든 거 같아요. 그 전까지는 계속 힘들었죠. 거의 뭐 2년 넘게 계속 힘들었죠. 좋은 것 같애요.

면담자　　　마사지해 주시는 분과 대화도 많이 나누세요? 뜨개질은 모임처럼 이야기도 많이 하나요, 아니면 집중하는 분위기인가요?

요한 엄마　　　다른 분들은 계속 같이 얘기할 시간이 있었거든요. 근데 저는 배우고 오기가 바빠서요. 배우고 오기가 바쁘고 또 내가 몸이 힘드니까 와서 쉬어야 되고 또 집안 살림도 해야 되고 교회 살림도 해야 되고. 크게 뭐 제가 지혜롭게 되도록 힘 안 들게 하고, 어지럽기보다는 정리 정돈 해놓고 되도록 덜 치우는 방향으로 해서 하긴 하는데, 많은 말은 사실 못 했고, 마음이 편치가 안 하죠.
　　　동네 아줌마들 모여서 얘기하는 그런 모임이 아니기 때문에,

내 마음이 일단 열리지 않는 건 뭐냐면 일단 진상 규명이 안 됐는데 어떻게 마음이 편할 수가 있냐고, 그게 안 되고 하니까 내 몸도 그러고 배우고 오기 바빴는데 지금 활동하면서 사람들을 알게, 다른 반도 또 알게 되고 하면서, 인지도도 있다 보니까, 활동 안 할 때는 좀 이렇게 벽이 많이 가요. 잘 모르는 사람인데 '저 사람 누구지?' 그런 궁금증도 있다 보니까 첫 판에 소통이 잘 안 될 수도 있었는데 지금 2년, 3년 정도 돼가다 보니까, 그 활동을 계속하고 있는 거잖아요.

크거나 작거나 [다른 부모님을] 많이 알게 되고 하다 보니까 100프로는 아니더라도 그때보다는 좀 많이 좋아진 것 같아요. 마음도 열고 그니까 상대에 대해서 조금씩 아니까, 모르면은 이제 말하기 어려운데, 그러면서 많이 열려진 것 같애요, 그래서 조금 더 [서로] 말하게 되고. [하지만] 또 내가 바쁘니까 배우고 오기가 바빴지. "놀고 가. 조금 더 있다 해" [하고] 놀고 가자는 거, 얘기 좀 하다 가자 그러는데, 내가 바쁘니까 지금까지도 계속 왔다 갔다, 왔다 갔다 그래요, 오고 가기가 바빠.

어제 처음으로 가디건[카디건] 뜨면서 코치를 몇 시간 받아야 되는 게 있어. 왜냐면 나만 가르쳐주는 게 아니라 다른 사람도 가르쳐줘야 되니까 기다려야 되고, 나도 떠야 되고 그래 가지고 시간이 많이 좀 갔는데, 어제는 좀 많이 있었던 것 같애요. 많이는 편하게는 있지 못했죠, 저 개인적으로는. 다른 분들은 많이 얘기를 하고.

면담자   '이웃'은 완전 열려 있는 곳인가요? 누구든 갈 수 있는 건가요?

요한 엄마   유가족 모임이죠. 유가족 모임이고 자원봉사자들이
와서 우리 밥 차려주고 날라다 주고 그렇게. 감사하죠, 진짜. 감사
한 분들이죠. 따뜻한 소중한 우리 국민들이 좀 많더라고요. 힐링이
많이 됐죠. 집중력, 몸 푸는 거 두 개 다 너무나 잘하고 있더라고요.

면담자   어떻게 보면 둘 다 육체적인 힐링 쪽에 가깝다고 볼
수 있는 거예요?

요한 엄마   육체적인 거는 안마고 뜨개질은 집중력. 집중력을
키웠어요. 왜냐면 뜨개질 얘 두 번 뜨고 얘 세 번 뜨고 이렇게 틀리
거든요. 잘못하면은 이거 잘못 뜨면 또 다시 다 풀어야 돼요. 처음
에 저 열 번 풀었어요, 집중력이 안 생겨가지고. 지금 많이 좋아졌
죠. 어머, 어머나 [하면서] 그때 열 번 풀었어요, 이만큼 떴다가 이렇
게 [잘못]돼 가지고. 잘한다고 하는데 안 되는 거예요. 그래서 굉장
히 효과를 많이 봤어요, 뜨개질.

9
생애

면담자   1차 때 많이 못 했던 이야기를 조금 보완했으면 하
는데요. 먼저 어머님께서 21살 때부터 훈련을 받으셨다고 했나요?

요한 엄마   네. 그때 사모로서 훈련을 해달라고 했더니, 사모로서 바르지 못한 거 하나님이 다 깨우치시고 해가지고, 그 이후에는 또 다른 훈련도 있죠. 결혼해서의 훈련도 있었지만은 내가 행동하는 거에 대해서 이렇게 크게 나아갈 때는 항상 그렇게 기도하고 하니까 뭐 후회할 일을 하진 않죠.

면담자   전체적인 얘기는 전에 해주셨는데, 어머님 고향이 어디시고 형제가 어떻게 되시고 어떤 가정환경에서 자라셨는지를 간단히 부탁드릴게요.

요한 엄마   저에 대한 거?

면담자   네. 어머님 학창시절 어떤 학생이었는지 같은 거 얘기해 주시면 돼요.

요한 엄마   요한이 삶이 아니라 저의 삶을?

면담자   네. 연결이 되게 되어 있으니까요(웃음).

요한 엄마   연결이 되나요? 저는 셋째 딸로 태어났고 아버지가 딸 차별하니 [아들] 낳을 때까지, 아들이 안 나가지고 바다에 가서 앉아 있고 했는데, 제가 딸로 태어났는데 저 태어나면서 집안이 다 풀렸다 그러더라고요. 집안이 물질적인 게 풀리고 굉장히 좋았대요. 그다음에 좋은 건 뭐냐면, 아, 저때까지 그랬다, [아버지가] 바다에 가서 욕 보는 거. 아버지가 원래 좋으신 분이라 뭐 화내는 것도 아니고 혼자 바다만 바라보고 있고 막 이랬다 그러더라고요.

근데 제 밑으로 남동생이 태어났어요. 그러니까 외할머니가 보따리 보따리 싸가지고 딸 셋을 낳고 아들을 낳았으니 저랑 이제 2살 차이잖아요, 동생하고. 그러니깐은 음식도 아주 화려하게 해가지고, 외할머니가 좋아 가지고 이렇게 싸 왔었다고 그러더라고요. 그러면서 [저를] 애지중지 키웠어요, 우리 엄마, 아버지가 중학교 때까지. 다른 자식들보다 저를 굉장히 귀하게 키웠어요. 제가 그렇게 컸던 것 같아요, 제가 클 때부터 제가 태어날 때부터 집안에 도움을 줬다고. 저는 몰랐죠, 커서 큰언니가 얘기하는 것 들었죠.

그렇게 했고 애가 좀 똑똑했다고 봐야 되나요? [제가] 공부는 잘하지 않았는데 아이큐(IQ)는 크지 않아요. 근데 애가 똑똑했나 봐요. 사람들이 다 그랬어요, "저 집안에 쟤가 제일로 낫다"고. 무슨 말 하는 게 아니라 사람들이 그렇게 느껴졌나 보더라고. 그래서 제가 제일 낫다 그러고, 지나가면 공부도 잘 못했는데 쟤가 똑똑하다고 그러고, 어른들이 그러고 막 그렇게 치하를 하고.

엄마, 아버지가 첫째로 함부로 안 키웠어요, 저를. 심부름 하나 시키는데도 달달달 떨죠. "너 거기서 쌀 좀 누구네 갖다주면 옷 사줄게", "너 뭐 해주면 너 목포 데려갈게". 심부름도 잘 안 시켰어요. 위에 언니들이 있고 언니들이 다 하고 그래서 그런지 몰라도 저를 그 자식들 중에 가장 귀하게 키웠어요. 귀하게 키웠고 저, 제가 그렇게 컸던 것 같아요. 아주 딸, 딸 [하던 집안에] 해가지고 [남동생을 데려온 것이 되니까] 식구들도 잘 챙기고. 나름대로 어렸을 때 친구들도 커서 보면 "넌 참 귀하게 컸잖아" 이렇게 얘기를 하더라고요.

179
•

그런데 저는 몰랐죠. 크면서 생각해 보니까 이제 비춰지잖아, 그러니까 알게 됐고.

그다음에 중학교 때 교회를 다니기 시작했죠. 중학교 때 엄마, 아버지가… 아버지가 다리를 잘 [치료]해야 된다니까 엄마가 교회를 다니기 시작했어요.

면담자　　아버님이 사고가 났나요?

요한 엄마　　아니, 아니. 다리가 아파 가지고 고생을 너무 많이 해가지고 그래서 이제 교회를 다녔죠. 그 전에는 교회를 다니라고 다니라고 해도 안 다녔어요, 엄마, 아버지가. 근데 아빠가 아프다고 하니까 엄마가 교회를 가더라고. 그러면서 엄마가 철야[기도]를 해가지고 왔는데 아버지가 막 혼내는 거예요, "어디서 자가지고 왔냐"고. "당신 때문에 내가 교회 갔다 왔다" 하니까 아버지가 착하신 분이라 빨리 감동받더라고요.

그리고 무슨 말 했는지 알고 바로 목포 가서 성경책, 찬송가 한 권씩 사가지고 교회를 다니기 시작하면서, 우리도 당연히 교회를 다니기 시작했어요. 초등학교 5학년 때부터 그래서 교회를 다니기 시작했는데 다니면서 또 일이 많이 풀려졌어요. 집안에 일이 많이 풀려졌고 기도한 거마다 응답됐고, 전답에 모든 소산물[수확물]이 잘됐어요. 잘되고 제가 중학교 때부턴가 고등학교 때부턴가 제가 그렇게 기도를 했어요, "우리 가정을 통해서 이웃들이 예수 믿게 해달라"고. "우리가 잘돼가지고 '정말 살아 계신 하나님이 있구나'

라는 걸 사람들이 눈으로 보고 믿게 해주세요" 그랬더니 진짜로 그렇게 됐어요. 그렇게 됐었고, 그다음에 일도.

면담자   고향이 어디이신 거죠?

요한 엄마   전남 신안이에요. 하의도, 김대중 대통령 그 고향 지나서, 지금은 저기 뭐야, 천정배 의원이 암태면이고, 우리 [고향 동네] 앞에가 옥지예요[길한 곳이에요]. 이렇게 가까운 데에 우리 신안에 유명하신 분들이, 신안건설, 우성건설, 그다음에 이랜드, 다 신안 사람들이잖아요. 그렇게 하고, 어렸을 때 중학생 때까지는 굉장히 아름답게 잘 컸어요. 그런데 고등학교 다닐라니까 엄마가 [하는 말씀이] 아버지가 [저를] 못 가르쳤대요. 왜냐면 제 밑에 동생이 2살 터울이에요. 밑에는 7살에 학교 갔어요. 연년생이에요. 2학년 1학년 이러다 보니까 등록금을 다 냈잖아요.

면담자   남동생만 있나요?

요한 엄마   남자, 여자, 남자. 셋이에요.

면담자   그럼 아래로 세 명 계세요?

요한 엄마   네. 얘들 네 명을 도저히 가르칠 수 없다는 거죠, 아무리 시골에서는 부자라 할지라도. 시골에서는 농사지면 빚지는 게 시골이에요. 돈을 버는 게 아니에요. 농사짓는 게 끝이에요. 도저히 안 되겠다는 거예요. 그래서 언니가, 큰언니가 저를 불렀죠. 불러가지고 [저를] 학교를 보내겠다고 해서 올라오고, 1년 반 동안 큰언니랑 작은언니가 생활비 대고 등록금 대고. 그런데 1년 반 동안 제가 알바[아르바이트]를 기도를 했어요.

하나는 "일요일에 하는 알바를 주십쇼" 했더니 1년 반 돼도 응답을 안 주는 거예요. "하나님, 나 응답 안 주시면 내가 알아서 직장 들어갈 거예요. 너무나 응답을 안 해주시네요" 했는데, 그래 가지고 공단에 오기[다니기] 시작했어요. 공단에 그때 4시까지 일하고 하는 데가 있어요. 그래서 갔는데 꽉 찼다는 거예요. 내가 "하나님 기도 안 해주면 내가 할 거예요" 하면서 내가 도저히 더 이상은 언니들 신세 질 수가 없다고 하면서 했는데 그때 안 되면서.

그날 밤 잠을 잤는데 꿈에 내가 존경하는 그 평화교회 이영 목사님이 우리 시골에 설교를 하는데, 많은 사람들이 있고 그다음에 막 불꽃이 일어나는 거야. 꿈이 다 좋은 거예요. 목사님 나타나는 것보다 목사님 설교하는 거를 해풀이[해몽]하면 하나님이라고 표현을 하는데, 그죠? 꿈의 해석이 믿는 사람이라서, 그다음에 불이라는 건 좋은 거거든요. 또 설교도 그렇고 나도 그렇고 우리 시골인데 너무 좋은 거예요. 꿈이 다 좋으니까 기분이 너무 좋은 거예요. 근데 그다음 날 갔더니 내가 원하던 직장이 된 거예요, 알바 자리가. 내가 정확히 기도했던.

면담자   그게 몇 살 때예요?

요한 엄마   그때가 고2죠, 고2 때 2학기 때. 취업이 된 거예요. 그래 가지고 그걸로 연결해서 계속 졸업까지 했죠.

요한 엄마 김금자

면담자   고등학교 때 그럼 안산으로 오신 거예요?

요한 엄마   아니죠, 서울에 살았죠. 서울에 지금 경기여상, 그때는 이름이 달랐었는데. 그래 가지고 그 직장일 다니면서 알바 시작하고 제가 공부를 하기 시작했고. 어차피 부모님은 내 뒤를 못 밀어주니까 주님께 기도한 거예요. 하나님이 내 일을 해주셔야 되는 거지. 나를 도와주시고 이끌어주셔야 되는 걸 알기 때문에 부모한테는 아무것도 요구를 하지 않은 거죠. 지금도 엄마, 아빠도 돈 달라는 그런 얘기, 부모님들도 우리한텐 얘기 안 하고 저도 그러지 않아요. 돈 주면 드렸지 저기를 하지 않았죠.

고등학교 때부터 부모님 슬하 떠나면서 고생이라기보다는 좀 힘들었죠. 그러면서 "독립심 달라" 그렇게 기도를 했고, 누가 시키지 않아도 부모님이 새벽마다 가서 기도하신 분들이라 자식들이 믿음의 길로 갈 수밖에 없어요. 그리고 고등학교 때는 알바 다녔어도 거의 뭐 굶다시피 할 정도로 그렇게 학교 다녔죠. 빵 한 조각만 먹고 다니고 알바하는 데서 빵 한 조각 주면 그거 먹고 저녁에 과자 부실하게, 친구들이 사주면 그거 먹고 또 이렇게 계속은 아니지만 굶어도 마냥 좋은, 그냥 쌩글쌩글 웃고 다니고. 왜 그랬을까? 이제는 [생각하면] 부모의 기도 땜에 그랬던 것 같아요. '부모는 역할을 못 할지라도 뒤에서 기도해 준 부모님이 계셔서 내가 이렇게 어려운 속에서도 기뻐하며 살 수 있구나, 살았었구나'. 나중에 제가 결과를 보고 그렇게 느꼈었는데.

그렇게 하고 나서 계속 주님께 맡긴 생활은 기도하면서 또 학교도 다니고 또 학교 다니고 학원 다니고, 개척교회 가면서 또 거기서도 저기 뭐야 피아노도 배웠음 쓰겠다 해서 피아노도 배우고 또 학교도 음대 쪽으로 가고. 이렇게 해서 한 5시간인가 잤을까요? 한 10년을 그렇게 보냈을 거야. 그냥 살지 않았어요. 그렇게 열심히 살았어요. 정말 바닥 생활을 하면서도 그렇게 열심히 살았었었는데 결혼해서는 더 바닥 생활이죠.

결혼해서는 나만 힘든 게 아니라 내 남편이 있고 가족들이 이제 아이들이 있으니까 더 힘든 거죠. 그래서 "결혼하면 고생이다"는 말을 실감을 했고. "남편이 어느 정도 돈이 있어야 된다"는 걸 그것도 실감을 했고. 남들이 말해도 무슨 말인지 몰랐죠. "돈이 있어야 된다. 기도해라" 그러는데 [그런] 기도도 한마디도 안 한 거예요, 저는. 저는 맨날 제가 "그렇게 어렵게 살아봤는데 더 어려우랴. 그런 걸 다 뚫고 친정 식구들 다 잘 살고 있는데 결혼 전까지 하나님 응답해 달라"고, 다 응답해 주서갖고 다 살 만큼 살고 있는데 이정도, '내가 얼마나 어려울까'라고 생각했던 거지.

남의 말을 그렇게 피부로 느끼지 못했다는 거죠, 이제 살아보니까. 진작 기도를 했었었더라면 이 문제를 하나님이 다 응답을 해 줘서 내가 응답받고 기도를 했을 텐데, 다시 바닥부터 시작해서 기도를 그때 올려야 되니까 엄청나게 쉬운 일은 아니었다는 거죠. 그래서 훈련받고 그다음에 30살에 '아, 내가 주의 사모구나. 내가 그때 기도했었지'라는 게 생각이 나면서 목사님이 내 짝이라고 하나님이 말씀하셔서, 주위에서는 [봤을 때] 뭐 돈 한 푼 없는, 하나도 없는, 0원이에요 0원. 그런 것도 안 보고 [결혼했어요].

왜냐면 저는 신앙이 주님의 뜻이면 하는 사람이에요. 주님이 "너 이거 해" 그러면 "네" 하고 가는 사람이지 "제가 왜 해요?" 하는 사람은 아니거든요. 주님이 저를 알기 때문에 저를 목사님한테 붙였던 것 같고 또 목사님도 "주님 마음에 합한 자 아니면 나 결혼 못 합니다"라고 본인을 자기가 잘 알고 있기 때문에 그랬다고 그러더라고요. 나중에 알고 보니까 왜 그랬는가 알겠더라고요. 그래서 붙여진 사람이죠, 둘이가. 물론 하나님은 알고 계셨었겠지만 우리는 몰랐다고[몰랐다가] 차근차근 알게 된 거고. 그렇게 살았었죠.

면담자　　　어머니, 아까 음대 진학하셨다고 하셨는데요, 그 얘기도 해주세요.

요한 엄마　　　우리 개척교회 갔는데 개척교회 사모님이 감신대[감리교신학대학교]를 나왔어요. 감신대 나왔는데 합창 지휘 하시는 분이 김두한 박사님이라고 김두한, 김두한인가? 이름도 지금 가물가물하네, 몇십 년 지나가지고. 그분이 저기 뭐야 합창 지휘를 하시는데, 아가페 학장님이시라고 기독음대 학장님이시라고 그분이 "김 선생이 거기 좀 갔으면 쓰겠다"고, 그러니까 하나님 일 하다 보니까 하나님이 저를 인도를 하는 거예요.

그래서 갔는데 너무 좋은 거예요. 또 제가 음악을 굉장히 좋아했고 어렸을 때부터 좋아했었고 또 기질도, 친구한테 물어보니까 "너는 기질이 있었어" 그러더라고요. "너는 내가 다 알아봤다"고 중학교 때부터 남들은 못 하는데 음악 따라하고 그랬다 그러더라고요, 저는 그냥 한 건데. 근데 생각해 보니까 음악하고 굉장히 관련이 있었던 거예요, 어렸을 때부터. 그래서 잘 맞은 거죠. 그래서 추천서도 써주고 나름대로 했는데 합격이 됐더라고요. 그래서 2년제인데 학교 다니면서 직장생활 하면서, 부모님이 뭐 해줄 능력은 안 되니까 아예 바라지도 않았고, 어떻게든지 하나님과 쇼부를 하는 거야. "주님도 이런 직장 주시고 이런 걸 학교 다닐 수 있도록 축복해 주세요" 이렇게 기도했더니 하나님이 다 해주셔서 기도한 것마다. 30세 이전까지 진짜 다 해주셨어.

또 신학[대학] 가기 전에 우리 선교신학 하다가 1년 다니고 휴학계 내놓고 계속 못 다녀버렸죠. 요한이를 임신하고 몸이 너무⋯ 애기가 너무 힘들다, 학교 다니고 일 다니고 또 알바로 선교하러 다녔었고 결혼해 가지고 그렇게 생활하니까, 애가 완전히 몽그라져 버린 거야. 그때 또 금식까지 하니까, 아침을 잘 먹어야 되는데 금식을 하고 있었으니 애가 그때 임신이 됐었는데, 그래 가지고 저기 뭐야 휴학계 내고 학교는 거기는 못 다니고 그랬죠.

면담자　　　그러고 요한이가 태어난 거구요.

요한 엄마　　네. 그래서 알바도 그만두고 학교도 그만두고 그렇게 해서 목회자의 그, 전도사 사모로서의 그⋯ 산 거죠. [그때] 내 인생은 없구나' [하고 생각했어요]. 그때 주님이 그러더라, "누구든지 나를 따르려거든 자기를 부인하고 자기 합당한 십자가를 져라". 십자가는 고통이거든요. 예수님도 자기를 위해서 십자가를 진 게 아니라 우리를 위해서 십자가를 졌듯이 저도 예수님을 뒤를 따라가야 하는데, 정말 크리스천들은 예수님이 하셨던 그 뒤를 따라가야 하는 거다 보니, 그러면 각자마다 위치가 다르잖아요. 저는 목회자 사모의 길을 가야 되니까, 기도하고 복음 전하고 내조하고 이런 일을 해야 되니까 그 일을 계속했었죠. 원체 이게 쉽게 한 건 아니죠. 열심히 했죠.

10
아이의 의미

면담자 이제 마무리하겠습니다. 요한이가 어머님한테 지금 어떠한 의미인지요?

요한 엄마 요한이는, [요한이를 보내고 난 후에 일인데] 제가 그 누워서 이렇게 있는데 하나님이 그러더라고요, 저를 부르더라고요. "금자야" 불렀나? 이름을 세 번 불렀나? "일어나라"고, "그렇게 누워만 있지 말고 일어나라"고. [그게 어떤 거 같았냐면] 우리 [어렸을 때] 애들이 시골에서 놀고 있으면 밥 먹으라고 "누구야, 일루 와. 누구야", 우리 언니가 막 그렇게 불렀[어요], 큰딸이니까 엄마 대신에 밥 차려가지고 우리 신나게 놀고 있으면 막 부르고 했던 것처럼 애 타는 심정으로 [하나님이] 나를 부르더라고요. "제발 좀 일어나라"

고, "이제 그만 좀 일어나라"고, "힘 좀 내라"고. 그러니까 제가 이 랬어요. 옆에 이렇게 보면서, 이쪽에서 부르더라고요, "일어나라" 고. 세 번 부르길래 내가 이렇게 돌려 보면서 "요한이도 없는데요" 내가 그렇게 말을 했어요. "요한이도 없는데요" 그랬더니 하나님이 그러시는 거야. "천국에 와서 보면 되지 않냐, 천국에 와서" 그러더 라고. 그래서 생각해 보니까 어차피 이 세상 사람은 아니고 "그러 네요, 천국에 가서 보면 되네요". 일어나서 뭔가를 하라는 거야, 하 나님은 "그렇게만 누워 있지 말고…". 그래서 "알았다"고 그래서 이 제 일어났거든요.

그때 초창기에 조금씩 일어나게 된 그 동기가 하나님이 일어나 라고 그렇게 애타게 부르짖는 거. 그러니까 하나님도 우리 부모하 고 똑같더라고요. 우리 엄마, 아빠가 그렇게 부르는 식으로 "누구 야, 누구야" 부르시고 하나님도 똑같다는 걸 처음 알았어요. 이 심 성이 똑같아요. 부모가 자식에 대한 마음이 우리 하나님도 똑같다 는 걸 그때 처음 느낀 거예요.

그리고 요한이를 많이 만났죠. 우리가 10년을 놓고 기도를 했 는데 그때 요한이가 말씀드렸는데 나타나서 있었고, 그러면은 그 때부터 요한이가 함께한다는 걸 알았어요. 그럼 '요한이가 모든 걸 알고 있구나' 모르는 게 아닌데 알고 있는데. 우리가 해야 될 일들 이잖아요. 자기네들이 영의 차원이 다른데 와서 뭐라 일은 해주지 못하잖아요. 그렇지만 '함께하고 있고 도와주고 있고 주님과 함께 있구나. 보고 있구나' 이런 거를 알게 된 거예요.

그러면은 [요한이와] 공유가 되는 거죠, 공유가. 엄마들도 그러잖아요. 우리 애들이 보고 있다고, 안 믿는 엄마들도 그렇게 얘기를 해요. 우리 애들이 함께하고 있다고 이렇게 [생각]하고 저도 거기서는 묶인 거예요. '애들이 다 알고 있고, 너가 다 알고 있고 지켜보고 있고 함께하고 있구나' 이걸 안 거예요. 그러니까 제가 눈을 떠서 들면 요한이가 보이는 거예요. 이렇게 주님의 눈동자같이 지키듯이 애들도 엄마들이 잘하기를, 이 국민들이 잘하기를 바라고 힘을 주고 있다는 거, 그거를 나는 요한이를 통해서 가장 느끼지만 다른 사람들도 다른 엄마들도 그렇게 알고 있고. 또 진상 규명을 해줘야 부모의 도리를 다한다, 또 그걸 해줘야 국민들의 의무를 다하는 거예요. 이 정부로서의 그 역할을 해주는 거예요, 법치국가니까. 그 핵심을 놓고 지금 뛰어가고 있는 거예요, 여러 가지 항상 보고 있지만.

　　하나님은 우상이 아니잖아요. 원래는 이렇게 형상을 놓지 말라고 하잖아요. [그런데 하나님이] "아니다. 해놔라, 저거를 좀 해놔라" 그러면 보면 요한이를 잊지를 않는 거예요, 잊어버리지 않는 거예요. 보면 요한이가 있으니까, 요한이가 눈동자와 같이 이렇게 보고 있다는 거죠. [요한이가] 교회도 부흥되기를 원하고 있고 진상 규명도 되기를 원하고 있고 모든 사람이 협력하여 잘하기를 바라고 있다는 거를 늘상 느껴요. 없다고 생각하면 육으로는 없지만 엄마들 말 들으면 다 함께하고 있다고 그래, 다 같이하고 있다고 그런 말을 많이 해요. 다 말은 안 들어봤지만 이게 같은 저거로[생각으로]

내려오고 있다는 거. 그러니까 결단코 이 일은 접어버리면 안 되는 거예요. 저버리면 이 나라 정말 희망 없어요. 애들을 못 보고 가요. 언제 죽을지 모르는데.

애들도 그래요. "엄마, 내가 공부 열심히 하면 뭐 해, 오빠처럼 그렇게 되면 어떻게 돼?" '내가 [열심히] 할 필요가 없지 않냐' 이런 마음이 든대, 딸도. 어렵게 한마디 하더라고요. 그래서 다독거려 줬죠. "그렇지 않다. 열심히 해라. 보람 있게 딸은 살아야 되지 않겠니" 이렇게 자꾸 얘기를 하는데요. 그런 엄마도 있고 아빠도 있고 그런 마음을 먹는 사람도 있고 국민들도 없으리란 법은 없는 것 같아요. 그런 생각을 할 수가 있다는 거죠. 그래서 '애들이 공부를 이렇게 많이 안 할 수도 있다'라는 생각이 또 들어요.

면담자　　　그런 의미에서 요한이와 같이하고 있다는 생각이 드시는 거군요.

요한 엄마　　　네. 보고는 싶고, 삶을 같이하지 못하는 거는 굉장히 마음이 아파요, 사실은. 그렇지만 그 2단계로 '이가 없으면 잇몸으로 산다'는 그런 마음으로 위안을 삼는 거는 '애들이 같이하고 있구나'라는 거.

면담자　　　제가 어머님 언론 인터뷰 하신 거 봤는데 요한이 성이 잘못 나온 적이 있죠?

요한 엄마　　　누가 잘못 써놓은 거죠.

면담자　　　그런 거죠? 저는 어떻게 된 건가 여쭤보려고 했어요.

요한 엄마　　아니. 잘못 알고 가끔가다 한 자씩 틀리는 경우가 있더라고요, 내가 뭔지 보니까. 김요한이 아니고 임요한.

11
남은 삶의 목표

면담자　　　앞으로 어머님의 삶에서 추구하는 목표가 무엇인지요?

요한 엄마　　아까 말씀드렸듯이 요한이 거를 전담해야 돼요, 목사님도 마찬가지고. 그리고 삶이 요한이와 함께하는 삶이 돼버린 거예요. 왜냐면 요한이의 인생이, 찾았어야 될 인생이 끊어져 버렸기 때문에 그 애 삶을 살아줘야 되니까, 우리는. 김금자의 삶만 살았어야 되는데 더하기, 요한이 인생이 플러스가 돼 있어요. 그래서 요한이의 이 땅에서 해야 될 몫을 우리가 감당을 해줘야 돼요. 그래서 책임감이 더 무겁죠. 원래도 쉽게 살지는 않았는데 맥락 없이 살지는 않았는데 요한이 것까지 더해졌다는 거는 요한이 몫을 감당해 줘야 되는, 더 힘들죠. 그… 1을 해야 되는데 2, 3을 해야 되는 그런 게 있어요, 앞으로도 마찬가지. 그러니까 더 정신을 똑바로 차려야 되는….

　　미안한 거죠, 미안해. 인생에 태어나서 그래도 좀 쓴맛 단맛 다 그런 거 그 희노애락의 모든 삶을 겪는 가운데 살다 갔으면 참 좋으련만, 태어났는데 빛도 못 보고 간 아이들이 참 불쌍한 거죠, 불쌍해. 살아서 '내가 잘 살았구나' 하는 보람된 그런 게 없잖아요. 인생 태어나서, 내 인생이 없었잖아요. 얼마나 그 안타까운 일이냐고. 자기의 그 주권, 자기 자아의 삶을 살아보지 못했으니……. 그래서 진상 규명만 되면은 그 목회 일에 더 몰입해야 되겠죠.

면담자   질문은 모두 마쳤는데요. 어머님 추가로 하시고 싶은 말씀 있으실까요?

요한 엄마   추가로 하고 싶은 얘기는 제가 가장 중요한 거는 물론 진상 규명을 해야 되지만 요한이 몫이 복음 전파였기 때문에 제가 요한이 책을 쓰든 뭐 하든 가장 핵심적으로 남는 거는 예수 전하는 거예요. 예수 믿고 모든 사람들이 구원받았으면 하는 것이 가장 최대한이고, 첫 번째는 진상 규명이고 두 번째는 복음 전하는 거. 그리고 더 이상 이런 아픔은 없었으면 좋겠다, 없으려면은 진상 규명이 돼야 된다, 왜 문제가 되는가, 그리고 그 처방을 이 나라는, 정부는 반드시 모든 각 기관에 안전처를 두고 확실하게 [해야 되겠다는 거죠]. 대략 알잖아요, 해상 사태. 여러분도 다 알잖아요. 핵심 그 기관을 뒤가지고 비상[상황이] 됐을 때 해결할 수 있는 방안들을 반드시 가지고 있어야 된다고 생각을 해요.

면담자   어머님 말씀해 주신 것들에 많이 공감하구요. 시간 내주시고 몸도 힘드실 텐데 말씀해 주셔서 감사드리고, 저희 구술

한 게 어머님 말씀하시는 안전한 사회 건설에 도움이 되기를 바라면서 오늘 구술 이걸로 마치겠습니다.

요한 엄마   감사합니다.

면담자   감사합니다.

4·16구술증언록 단원고 2학년 4반 제10권

그날을 말하다 요한 엄마 김금자

ⓒ 4·16기억저장소, 2019

기획 편집 4·16기억저장소 ǀ **지원 협조** (사)4·16세월호참사가족협의회
펴낸이 김종수 ǀ **펴낸곳** 한울엠플러스(주)
초판 1쇄 인쇄 2019년 4월 1일 ǀ **초판 1쇄 발행** 2019년 4월 16일
주소 10881 경기도 파주시 광인사길 153 한울시소빌딩 3층
전화 031-955-0655 ǀ **팩스** 031-955-0656 ǀ **홈페이지** www.hanulmplus.kr
등록번호 제406-2015-000143호

Printed in Korea.
ISBN 978-89-460-6733-2 04300
          978-89-460-6700-4 (세트)
* 책값은 겉표지에 표시되어 있습니다.